W0062124

Alltag eines vergangenen
Staates in 22 Kapiteln

DDRMUSEUMVERLAG

Herausgeber Robert Rückel

Autoren Andreas Menn, Robert Rückel, Katrin Strohl, Dr. Stefan Wolle

Gestaltung, Satz, Illustrationen Constantin Bänfer

Verlag DDR Museum Verlag GmbH, Karl-Liebknecht-Str. 1, 10178 Berlin

Druck Druckhaus Schöneweide, Ballinstr. 15, 12359 Berlin

1. Auflage, Dezember 2008, Printed in Germany

Danksagung Melanie Alperstaedt, Liz Ansell, Berliner Mauer-Archiv, Berlinische Galerie,
Bundesbeauftragte für Unterlagen der Staatssicherheit, Sylvana Burgener, Ines Buschmann,
Irene Fauck, Marcel Gassner, Harald Hauswald, Klaus Hechel, Thomas Hechel, Janine Henschel,
Steffi Klemcke, Horst Laurisch, Elmar Paul, Polizeihistorische Sammlung, Presse- und Infor-
mationsamt der Bundesregierung, Michael Richter, Robert-Havemann-Gesellschaft,
Dieter Schmidt, Stiftung Gedenkstätte Berlin-Hohenschönhausen, Jens Stoll, Güray Türkelli,
Bernhard Wagner, Siegfried Wittenberg sowie allen Spendern, Führungsreferenten und
Unterstützern des DDR Museum.

Bibliografische Information der Deutschen Bibliothek

DDR-Führer – Alltag eines vergangenen Staates in 22 Kapiteln
ISBN 978-3-939801-13-9
Nachfolgebuch zu ISBN 978-3-939801-00-9
»DDR Museum – Führer durch die Dauerausstellung
Alltag eines vergangenen Staates zum Anfassen«

© 2008 DDR Museum Verlag GmbH, Karl-Liebknecht-Str. 1, 10178 Berlin
Tel: (030) 847 123 73 - 0, Fax: (030) 847 123 73 - 9,
Internet: www.ddr-verlag.de, E-Mail: info@ddr-verlag.de

DDR-Führer

Alltag eines vergangenen Staates in 22 Kapiteln

Robert Rückel (Hrsg.)

DDRMUSEUM**VERLAG**

DDR
museum

Herzlich willkommen

Direktor Robert Rückel

In vielen Interviews vor der Eröffnung des DDR Museum im Juli 2006 wurde ich gefragt, was ich von den Aussagen mancher Kollegen halte, welche in der Darstellung des Alltags in der DDR eine Verharmlosung der Diktatur sehen.

Aufgrund unserer Eröffnung und der kurz zuvor veröffentlichten Ergebnisse der Kommission zur Erarbeitung eines Geschichtsverbundes »Aufarbeitung der SED-Diktatur« entbrannte 2006 eine erbitterte öffentliche Debatte zu diesem Thema. Die Stasi sei das einzig charakteristische Element der DDR, daher sei die Beschäftigung mit den Opfern die einzige Form der Aufarbeitung; jede andere Aufarbeitung sei ostalgisch, meinten die Kritiker.

Wie kann eine breitere Betrachtung eines Gebiets per se eine Verharmlosung sein?

Die DDR war eine Diktatur – das steht außer Frage – und in einer Diktatur prägt der Staat das Leben der Menschen sehr viel stärker als in der Demokratie. Aber auch in einer Diktatur leben die Menschen, sie lachen, spielen, lieben und untergraben die Vorgaben im Kleinen. Das ist der Alltag, und er gehört zur Geschichte der DDR.

Menschen wollen seit langem wissen, wie andere Menschen gelebt haben: Wir interessieren uns für die Toiletten der alten Römer, Verhütungspraktiken im Mittelalter und Möbel aus dem Biedermeier. Wissen über das Alltagsleben ist wichtig für das Verständnis einer Epoche – auch die DDR ist neben der ständigen Überwachung und den verschlossenen Grenzen auch ohne den täglichen Mangel, wöchentliche Fahnenappelle und Vollbeschäftigung nicht erklärbar.

Bereits ein Jahr nach der Eröffnung war das DDR Museum eines der meistbesuchten zeithistorischen Museen Deutschlands und eines der meistbesuchten Museen Berlins. 300.000 zufriedene Besucher pro Jahr und weit über zehntausend Medienberichte aus der ganzen Welt zeigen, dass der Alltag in der DDR interessant für die Menschen aus dem In- und Ausland und wichtig für das Verständnis dieser Zeit ist.

Die sogenannte Schroeder-Studie über das DDR-Bild deutscher Schüler zeigte 2008 das erschreckende Unwissen derselben über ihre eigene Geschichte. In einem Zeitungsartikel schloss Stefan Wolle, die DDR würde mit jedem Jahr, das sie vorbei ist, schöner.

Gerade deshalb sind Museen und andere Träger der Aufarbeitung verpflichtet, auf objektive Art und Weise alle Facetten der DDR zu zeigen. Nur, wenn die vermeintlichen oder tatsächlichen positiven Seiten den unzweifelhaft grauenvollen Fakten gegenübergestellt werden, wird es gelingen, den Charakter der DDR objektiv zu vermitteln.

Die Ausstellung des DDR Museum und dieser Katalog sollen Ihre Neugierde auf Zeitgeschichte wecken und Sie zum Dialog aufrufen! Wir haben im Gegensatz zu vielen anderen Museen versucht, einen Zugang mit Vorwissen und gleichzeitig auch ganz ohne Vorwissen möglich zu machen. Nicht zuletzt deswegen gilt die ständige Ausstellung als eine der interaktivsten Ausstellungen Europas und wurde hierfür im Jahr 2008 auch für den European Museum of the Year Award nominiert.

Diskutieren Sie, überdenken Sie Ihre bisherigen (Vor-)Urteile und lassen Sie sich auf ein interaktives Erlebnis ein. Und geben Sie uns Rückmeldung über Ihr Erlebnis und Ihre Meinung – getreu dem Motto »Wenn es Ihnen gefallen hat, erzählen Sie es weiter – wenn es Ihnen nicht gefallen hat, erzählen Sie es uns!«

Dieser Katalog soll nicht nur Begleiter durch die Ausstellung sein, sondern bietet auch viele zusätzliche Informationen – eine Ausstellung kann kein Buch ersetzen, ein Buch nicht die interaktive Beschäftigung mit Originalobjekten.

Wir laden Sie ein auf eine interaktive Reise in die DDR: Ich wünsche Ihnen viel Spaß in der Ausstellung und mit den folgenden Texten – ich bin sicher, Sie können noch etwas Neues lernen!

Ihr Robert Rückel
Berlin, im Dezember 2008

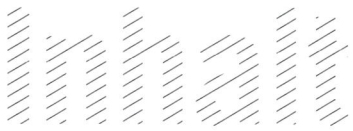

Inhalt

Im Mittelpunkt steht der Mensch

Wissenschaftlicher Leiter Dr. Stefan Wolle

In fast jedem Haushalt schlummert irgendwo ein Koffer oder ein Pappkarton voller Erinnerungsstücke. Gelegentlich wird der alte Kram durchwühlt. Absonderliche Dinge treten ans Tageslicht: Fahrpläne von Strecken, auf denen kein Zug mehr fährt, Münzen, die längst ihren Kurswert verloren haben, elektrische Geräte, deren Kabel in keine Steckdose mehr passen – ausgediente Gegenstände ohne praktischen Wert, doch die Menschen finden sich in ihnen wieder.

Selbst die Symbole der SED-Herrschaft berühren manche von uns seltsam angenehm. Wimpel und Papierfähnchen; ein Pionierhalstuch oder ein FDJ-Hemd; ein »Buch der guten Taten«, in das vor Jahrzehnten die Ergebnisse der Altstoffsammlung eingetragen wurden; ein Brigadetagebuch mit Fotos vom gemeinsamen Ausflug. All diese Erinnerungsstücke sind wie Splitter eines zerschlagenen Spiegels, den wieder zusammenzufügen sehr mühsam ist.

Das Urteil der Historiker steht fest und ist im Kern wohl auch nicht revisionsbedürftig. Die DDR war ein Satellitenstaat von Moskaus Gnaden. Der Sicherheitsapparat war die eiserne Klammer, die das System zusammenhielt. Die Planwirtschaft erwies sich gegenüber der Marktwirtschaft als hoffnungslos unterlegen. Die großzügigen Sozialleistungen waren auf Dauer nicht finanzierbar und trugen nicht unwesentlich zum Kollaps der Wirtschaft bei. Das SED-System wurde 1989 von einer demokratischen Massenbewegung beseitigt. Die Wiedervereinigung entsprach dem Willen einer sehr großen Mehrheit der Bürger.

Damit könnte man die Akte DDR schließen. Dennoch bleibt ein schwer erklärbarer Rest. Die DDR war mehr als ein Kunstprodukt aus Ideologie und Macht – sie war das Leben von Millionen Menschen. Sie wuchsen in diesem Land auf, durchliefen die Bildungseinrichtungen, dienten in den »bewaffneten Organen«, arbeiteten, gründeten Familien, richteten ihre Wohnungen ein, zogen Kinder groß. Man konnte glücklich leben in der DDR. Die Politik und die Ideologie schienen manchmal unendlich weit weg zu sein.

Doch das Leben unter den Bedingungen des allgemeinen Mangels war keineswegs eine Idylle, sondern eine ständige Jagd nach knappen Gütern. Die Menschen wurden auf ihre Weise damit fertig. Der Tauschhandel, die Feierabendarbeit, der Schwarzhandel blühten. Viele zogen sich ins Privatleben zurück. Die Datsche wurde zum Symbol des DDR-Lebens.

Die Spaltung zwischen einer persönlichen und einer öffentlichen Meinung war fast unausweichlich. Die Furcht, unangenehm aufzufallen, gar mit der Stasi in Konflikt zu geraten, war Teil des Alltags. Ohne Humor, Optimismus und Fröhlichkeit wäre das alles nicht zu bewältigen gewesen. So ist erklärlich, dass heute viele Menschen über die DDR schmunzeln, auch wenn ihnen das Lachen manchmal in der Kehle stecken bleibt.

Eine der beliebten SED-Parolen lautete: »Im Mittelpunkt steht der Mensch«. Das blieb damals eine leere Floskel, denn im Mittelpunkt stand der Machterhalt der Partei. Doch in der Rückschau auf die DDR sollte die alte Losung endlich Realität werden. Der Staat, das waren vor allem die Menschen, die in ihm lebten.

Ein Staat kommt …

Am Anfang stand die bedingungslose Kapitulation Deutschlands vom 8. Mai 1945. Der Zweite Weltkrieg endete mit der totalen Niederlage seiner Urheber. Deutschland wurde zwischen den vier Siegermächten – USA, Großbritannien, Frankreich und Sowjetunion – aufgeteilt.

Die ersten Maßnahmen in der Sowjetischen Besatzungszone wie die Bodenreform fanden bei der Bevölkerung durchaus noch Zustimmung. Doch die SBZ verwandelte sich schnell in eine kommunistische Parteidiktatur unter Führung der Sozialistischen Einheitspartei (SED). Die Mehrheit der Bevölkerung lehnte die Deutsche Demokratische Republik ab, die am 7. Oktober 1949 aus der SBZ hervorging.

Die Verbitterung des Volkes über die schlechten Lebensbedingungen und die

Oben Gründung der DDR am 07.10.1949; Emblem der SED; Volksaufstand am 17. Juni 1953 ; Walter Ulbricht, Staatsratsvorsitzender 1960 – 1973

politische Unterdrückung entlud sich am 17. Juni 1953 in Streiks und Massendemonstrationen. Nur das Eingreifen sowjetischer Panzer rettete die SED-Führung vor dem eigenen Volk.

Immer mehr Menschen und gerade Akademiker sahen ihr Heil in der Flucht in den Westen. Der Staat drohte auszubluten. Mit sowjetischem Einverständnis zog Walter Ulbricht am 13. August 1961 eine Mauer um West-Berlin und sperrte die DDR-Bürger damit endgültig ein.

Man begann, sich für längere Zeit in der DDR einzurichten. Auch die Führung bemühte sich um eine vorsichtige Modernisierung der Gesellschaft: mehr Wohlstand und künstlerische Freizügigkeit, etwas weniger Repression. Spätestens nach der militärischen Niederschlagung des Prager Frühlings in der

Unten Mauerverlauf am Reichstag; Erich Honecker, Staatsratsvorsitzender 1976 – 1989; Leonid Breschnew und Erich Honecker; Militärparade zum Besuch Jassir Arafats, 1978

... und geht

Tschechoslowakei am 21. August 1968 war aber endgültig Schluss mit den Hoffnungen auf eine Verbesserung des Sozialismus.

Anfang der 70er-Jahre wurde die DDR zum völkerrechtlich anerkannten Staat. Notgedrungen vollzog sich dadurch auch eine Art Öffnung. Im Gegenzug wurde die Überwachung der Stasi massiv ausgebaut. Um das System zu stabilisieren, verkündete die Führung ein umfassendes Sozialprogramm. Doch auf lange Sicht waren die sozialen Leistungen nicht finanzierbar. Die DDR ging wirtschaftlich der Pleite entgegen.

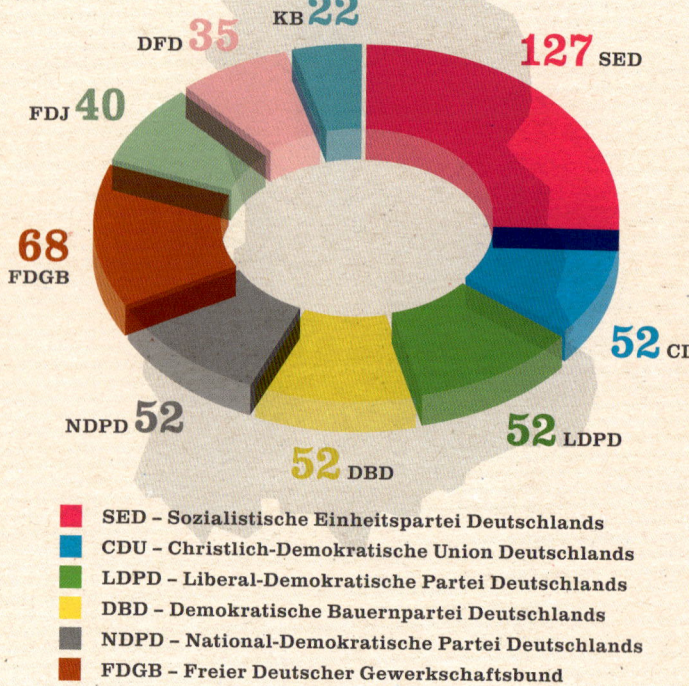

ⓘ **Die Zusammensetzung der DDR-Volkskammer in der 8. Wahlperiode von 1981 bis 1986:**

KB **22**
DFD **35**
FDJ **40**
127 SED
68 FDGB
52 CDU
NDPD **52**
52 DBD
52 LDPD

■ SED – Sozialistische Einheitspartei Deutschlands
■ CDU – Christlich-Demokratische Union Deutschlands
■ LDPD – Liberal-Demokratische Partei Deutschlands
■ DBD – Demokratische Bauernpartei Deutschlands
■ NDPD – National-Demokratische Partei Deutschlands
■ FDGB – Freier Deutscher Gewerkschaftsbund
■ FDJ – Freie Deutsche Jugend
■ DFD – Demokratischer Frauenbund Deutschlands
■ KB – Kulturbund der DDR

Als 1985 die Sowjetunion unter Gorbatschow eine Politik des Umbaus begann, verwandelte sich die latente Dauerkrise der DDR in eine akute Existenzkrise. Im Schutzraum der Kirchen sammelten sich immer mehr Menschen, um Freiheit und Menschenrechte einzufordern. Während der Feierlichkeiten zum 40. Jahrestag der DDR im Oktober 1989 brachen endgültig alle Dämme: In Leipzig, Berlin und vielen anderen Städten fanden friedliche Demonstrationen statt.

Am 9. November 1989 öffneten die Grenzsoldaten angesichts der Menschenmassen die Schlagbäume an der Mauer. Eine friedliche Revolution erzwang Freiheit und Demokratie und machte den Weg zur Wiedervereinigung vom 3. Oktober 1990 frei – die DDR war Geschichte.

Oben *Friedensgebet in Gera, 26.10.1989; Montagsdemonstration in Erfurt, 26.10.1989*
Unten *Montagsdemonstration in Leipzig 16.10.1989; Prager Botschaft der BRD, September 1989*

Teilen und Herrschen

Die Teilung Deutschlands war nicht nur in die Karten, sondern auch in die Landschaft eingetragen worden: Eine undurchlässige Sperranlage zerschnitt das Land von Nord nach Süd. Wenn DDR-Bürger in den Westen übersiedeln wollten, blieb ihnen in den 50er Jahren als Schlupfloch aber noch Berlin.

Die Hauptstadt war nach dem Zweiten Weltkrieg von den Siegermächten – Großbritannien, USA, Frankreich und Sowjetunion – in vier Sektoren unterteilt worden. Mit Beginn des Kalten Krieges geriet West-Berlin in eine Insellage inmitten der DDR.

Bis 1961 konnte man die Grenze zwischen den Westsektoren und dem Ostsektor relativ ungehindert passieren. Westberlin wurde dadurch zum Ausfalltor für über 2,6 Millionen Flüchtlinge aus der DDR. Die DDR drohte regelrecht »auszubluten«, so dass sich die Führung entschloss, am 13. August 1961 auch die Grenze mitten durch Berlin zu schließen.

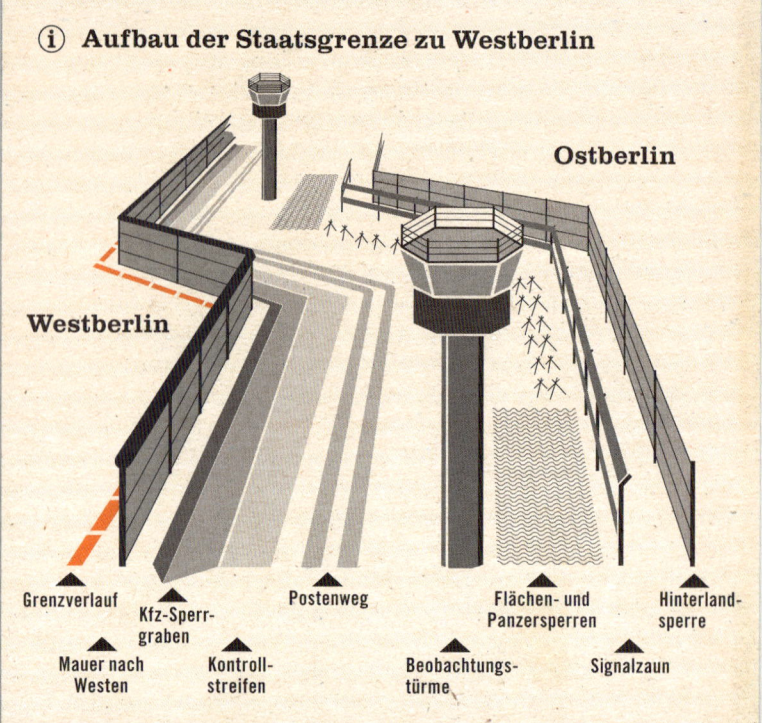

ⓘ **Aufbau der Staatsgrenze zu Westberlin**

Ostberlin

Westberlin

Grenzverlauf

Kfz-Sperr-
graben

Postenweg

Flächen- und
Panzersperren

Hinterland-
sperre

Mauer nach
Westen

Kontroll-
streifen

Beobachtungs-
türme

Signalzaun

Die Berliner Mauer machte die Abschottung nach dem Westen perfekt. Die DDR baute die Grenzanlagen systematisch aus. Ein gestaffeltes Sperrsystem sollte jeden Fluchtversuch unmöglich machen. Von Anfang an wurde auf Flüchtlinge scharf geschossen. Es gab von 1961 bis 1989 an der Berliner Grenze mindestens 125 nachweisbare Todesopfer.

Auch Westberliner konnten in den ersten Jahren nach dem Mauerbau nicht in den Ostteil der Stadt. Im Zuge der beginnenden Entspannungspolitik durften sie Weihnachten 1963 erstmals ihre Verwandten in Ostberlin besuchen.

Im Grundlagenvertrag von 1971 wurden Visa eingeführt, mit denen Westberliner einen Tag lang bis Mitternacht in den Ostteil durften. Die Verkehrswege zwischen Westberlin und Westdeutschland wurden rechtlich gesichert. Die DDR-Bürger aber blieben hinter der Mauer eingesperrt. Die Absurdität der Teilung Berlins wurde zur Normalität.

Als die demokratische Umwälzung in der DDR begann, stellte sich sofort die Frage nach der Zukunft der Mauer. Schnell wurde das berühmte Zitat von Willy Brandt: »Die Mauer muss weg!« zum Schlachtruf der Masse.

In der Nacht vom 9. zum 10. November 1989 feierten zehntausende Menschen auf den Straßen der Stadt die Wiedervereinigung Berlins.

Links Diorama des Grenzbereiches in der Ausstellung **Rechts** Brandenburger Tor, 10.11.1989

Papp-Kamerad

Die Fahrkartenautomaten im Nahverkehr hatten ein eigentümliches Funktionsprinzip: Geldeinwurf und Fahrkartenausgabe waren technisch unabhängig voneinander konstruiert. Man konnte 20 Pfennig hineinwerfen, musste aber nicht.

Nicht ganz umsonst, aber immer noch preiswert waren die anderen Verkehrsmittel der DDR. Es haperte aber an der Zuverlässigkeit. Die Züge der »Deutschen Reichsbahn«, wie die Eisenbahngesellschaft der DDR kurioserweise hieß, waren schmutzig und überfüllt. Schon bei der ersten Schneeflocke fielen sie oft wegen »extremer Witterungsbedingungen« aus. Ähnliches erlebte man mit Bussen und Straßenbahnen. Über die gesamten 40 Jahre seiner Existenz hinweg investierte der Staat kaum in sein Verkehrssystem.

Darum war das eigene Auto auch im Sozialismus der Wunschtraum vieler Menschen. Keineswegs gab es nur den Trabi: In Eisenach wurde der Wartburg gefertigt, und aus den sozialistischen Staaten wurden zum Beispiel Škodas und Ladas importiert. Die führenden Persönlichkeiten bevorzugten die westliche Luxusmarke Volvo.

Doch das unangefochtene Symbol des DDR-Alltags war der Trabant. »Begleiter« heißt das Wort im Deutschen, und tatsächlich begleitete das Automobil das Leben vieler DDR-Bürger wie ein

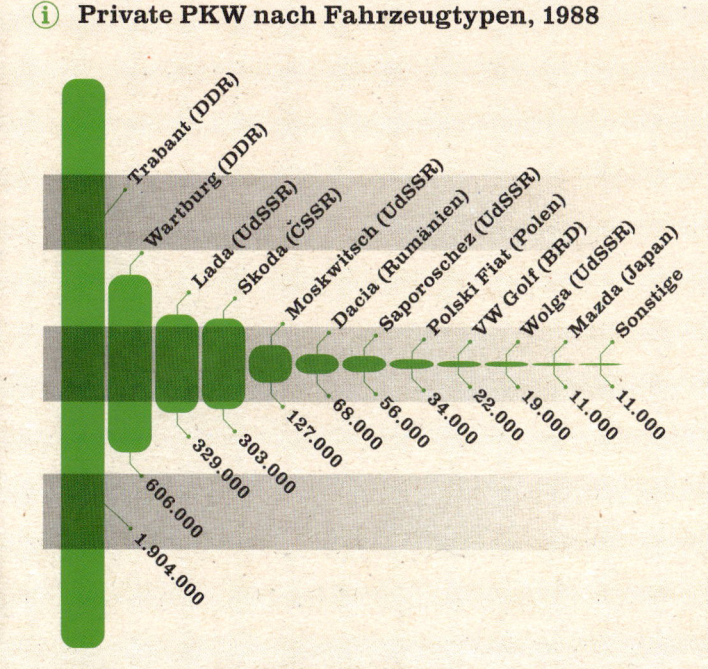

ⓘ **Private PKW nach Fahrzeugtypen, 1988**

Trabant (DDR) 1.904.000
Wartburg (DDR) 606.000
Lada (UdSSR) 329.000
Skoda (ČSSR) 303.000
Moskwitsch (UdSSR) 127.000
Dacia (Rumänien) 68.000
Saporoschez (UdSSR) 56.000
Polski Fiat (Polen) 34.000
VW Golf (BRD) 22.000
Wolga (UdSSR) 19.000
Mazda (Japan) 11.000
Sonstige 11.000

treuer Freund – zuerst als Traum, denn auf einen Neuwagen musste man bis zu 16 Jahre warten, dann als Statussymbol, fahrbarer Untersatz und Hobby.

Der Trabi war simpel konstruiert, so dass die glücklichen Besitzer einer »Rennpappe« die meisten Gebrechen selbst reparieren konnten. Das Gehäuse aus Duroplast, einer Mischung aus Baumwollfilz und Kunststoff, war leicht, rostete nicht und sparte teure Metallimporte.

Mutig machte sich mancher mit dem Trabi auf große Fahrt, etwa nach Bulgarien, die Reparaturtricks im Kopf. So entwickelten die Trabi-Besitzer ein liebevolles und persönliches Verhältnis zu ihrem Auto.

Der Trabi wurde im Schlager besungen – »Ein himmelblauer Trabant, der fuhr über's Land ...« – und war auch Gegenstand vieler Witze: »Was ist ein Trabi auf einem Berg? – Ein Wunder!«

PKW-KAUFVERTRAG, 1968

Bild Trabant P 601 in der Dauerausstellung

Westlinien unter Ostberlin

Der Bau der Berliner Mauer trennte nicht nur die Stadt in Ost und West, sondern auch die Strecken der Verkehrsmittel. Auf den Stadtplänen in Ostberlin verschwanden bald nach dem Bau der Mauer die Linien im Westen. Der gesamte Westteil der Stadt wurde grau ausradiert – zumindest auf den Karten.

Manche Züge aus dem grauen Westteil fuhren dagegen unter der Erde mitten durch Ostberlin – die Süd-Nord-Linien mussten den Ostberliner Bezirk Mitte passieren. Aus den Lautsprechern der S2 (heute S1) und der U-Bahnlinien U6 und U8 tönte »Letzter Bahnhof in Berlin-West! Letzter Bahnhof in Berlin-West!«. Danach fuhren sie ohne Halt durch sozialistisches Gebiet, in Schrittgeschwindigkeit vorbei an verlassenen »Geisterbahnhöfen«. Die muffigen, kaum beleuchteten Schächte wurden von Grenztruppen bewacht. Anhalten oder gar Ein- und Aussteigen war verboten.

Bild *S-Bahnhof Potsdamer Platz, 1990*

ⓘ Geisterbahnhöfe

Stillgelegte Bahnhöfe unter Ostberlin

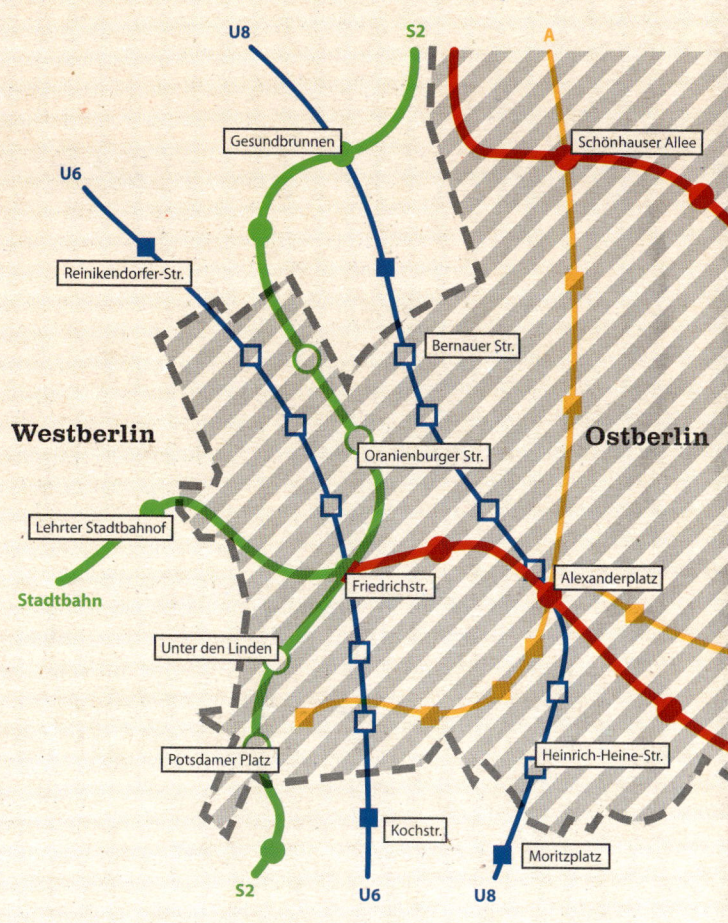

U8 **S2** **A**

Gesundbrunnen

Schönhauser Allee

U6

Reinikendorfer-Str.

Bernauer Str.

Westberlin

Ostberlin

Oranienburger Str.

Lehrter Stadtbahnhof

Stadtbahn

Friedrichstr.

Alexanderplatz

Unter den Linden

Potsdamer Platz

Heinrich-Heine-Str.

Kochstr.

Moritzplatz

S2 **U6** **U8**

● **S-Bahn Ostberlin**

■ **U-Bahn Ostberlin**

● **S-Bahn Westberlin**

■ **U-Bahn Westberlin**

○ □ **Geisterbahnhöfe – Haltestellen in Ostberlin,**
an denen die Züge nicht hielten

Unten U-Bahnhof Bernauer Strasse
Mit Presslufthämmern wird in der
Mauerlücke der Eingang zum
U-Bahnhof wieder freigelegt, 1990

Plakat »Nato-Agenten ohne Chance«
Ausstellungsplakat des Ministeriums für
Staatssicherheit im Berolina-Haus am
Alexanderplatz 1961. Gefunden im verschlos-
senen U-Bahnhof Stadtmitte, 1990.

Oben *Der noch geteilte Bahnhof*
Berlin Friedrichstraße, 1990
Mitte *Endstation Friedrichstraße*

Nur zwei Bahnhöfe bildeten die Ausnahme: Zum einen der S-
Bahnhof Wollankstraße, der zwar im Osten lag, aber nur einen
geöffneten Eingang hatte, von Westberlin. Der Bahnhof
Friedrichstraße wurde dagegen in einen Ost- und einen Westteil geteilt, obwohl er komplett in Ostberlin lag. Die östlichen
Bahnsteige waren normaler Teil des DDR-Verkehrsnetzes.
Kam man aber auf dem Weststeig an, blieben nur zwei Möglichkeiten: Die nächste Bahn in Richtung Westberlin zu neh-
men oder über die Grenzübergangsstelle, den sogenannten
Tränenpalast, in den Osten einzureisen – alle anderen Aus-
gänge waren zugemauert.

»Fröhlich sein
und singen«

Jung sein in der DDR, das hieß Wildcampen an der Ostsee, Baden trotz Nachtbadeverbot, Herumlungern an der Tankstelle; jung sein hieß Kleidung selber schneidern, Radio DT 64 mitschneiden, den Simson-Roller in die Kurve legen.

Es hieß aber auch Pioniernachmittage, Altstoffsammeln und FDJ-Ernteeinsätze. Das war zwar nicht verpflichtend, doch hilfreich, wenn man später studieren wollte. Und zumindest konnte man im Zeltlager nach der ersten Liebe Ausschau halten.

Für das Erwachsenwerden gab es einen festen Ablauf: Pionierbeitritt mit 6, Aufstieg zu den Thälmann-Pionieren mit 9, mit 14 der feierliche Empfang in der Erwachsenenwelt mit der Jugendweihe. Den Staat interessierte das Gelöbnis, die Geweihten mehr die Geschenke.

Die weitere staatsbürgerliche Ausbildung übernahm die Freie Deutsche Jugend (FDJ). Sie organisierte Bildungsseminare, Gruppentreffen und Festivals. Exklusiver war die Gesellschaft für Sport und Technik (GST), die vor-

Till Böttcher an der Druckmaschine der Umweltbibliothek, 1989

militärische Übungen mit Extremsport-arten verknüpfte – natürlich nur für die männliche Jugend.

Jugend in der DDR ist auch nicht ohne die Jagd auf Jeans, Turnschuhe und Platten aus dem Westen zu denken, nicht ohne Beat-Bewegung, ohne Puhdys und Karat. Echte Rebellion, wie die der Umweltbibliothek, blieb allerdings die Ausnahme, und bei nicht Wenigen tat die sozialistische Erziehung ihre Wirkung.

Oft fand die Jugendzeit ein rasches Ende, war doch die Familiengründung mit vielen staatlich gesicherten Vorteilen verbunden. Übrig blieben voll gespielte Kassetten, zu klein gewordene FDJ-Hemden und Schulhefte mit sauber aufgemaltem Namenszug.

LERNEN, LERNEN NOCHMALS LERN

»Genosse Direktor, die Schule ist angetreten!«, schallte es jeden Montagmorgen über viele Schulhöfe. Langsam erhob sich die Flagge, und aus hunderten Kehlen ertönte ein Pionierlied. Bildung war Erziehung zum sozialistischen Staatsbürger.

Besonders in den gesellschaftswissenschaftlichen Fächern regierte das Wiederkäuen der vorgegebenen Parolen. Die Thesen der Klassiker des Marxismus-Leninismus waren auf einen festen Kanon von Floskeln reduziert. Nach Abschluss der Schulausbildung wurde an den Universitäten der gesamte Stoff noch einmal wiederholt. Jeder Student hatte diesen Grundkurs zu absolvieren und mit einer schriftlichen Arbeit und einer mündlichen Prüfung abzuschließen. Vor Ablegung der Doktorprüfung wurde diese Pflichtübung ein drittes Mal wiederholt.

Leistung wurde groß geschrieben, vor allem in Mathematik und den Naturwissenschaften waren die Anforderungen hoch. Nach dem Unterricht war die Schule nicht vorbei: Die einen zogen als »Junge Naturforscher« durch die schöne Heimat, andere knobelten an den Aufgaben der Mathematikolympiade, oder sie bereiteten als künftige Kosmonauten an Sportgeräten den Aufenthalt in der Schwerelosigkeit vor.

Auch der Sport und die Wehrerziehung nahmen eine prominente Rolle ein. Der Sportunterricht diente in kaum verhohlener Weise der Vorbereitung zum Militärdienst. Außerdem wurde im Rahmen der GST Schießen und Exerzieren geübt. Selbst an den Universitäten gab es einmal in der Woche

UND
EN W. I. LENIN

Pflichtsport und eine Abschlussprüfung mit einem Sprung vom Fünfmeterbrett. Jeder männliche Student hatte ein einmonatiges Militärlager zu durchlaufen, jede Studentin einen ebenso langen Kurs in Zivilverteidigung.

So produzierte das Bildungssystem erfolgreiche Sportler, gute Soldaten, fleißige Ingenieure und qualifizierte Wissenschaftler. Doch kritisches Denken war unerwünscht.

1988 erregte der Schulverweis von vier Berliner Schülern viel Aufsehen. Sie hatten an der Wandzeitung den Sinn der alljährlichen Militärparaden in Frage gestellt. Der Vorgang wurde durch Bürgerrechtskreise bekannt und im Westen publik. Doch viele solcher Fälle vollzogen sich in den Jahren zuvor von der Öffentlichkeit unbeachtet.

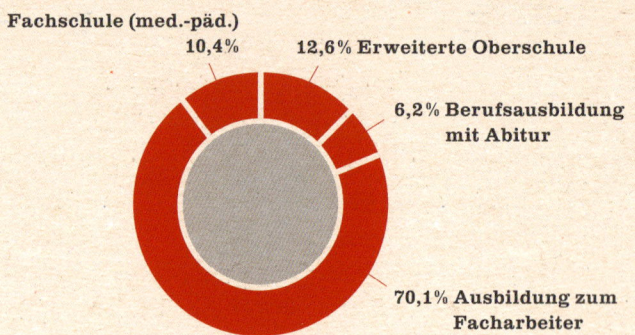

(i) Werdegang der Absolventen der Polytechnischen Oberschule, 1989

Fachschule (med.-päd.)
10,4%

12,6% Erweiterte Oberschule

6,2% Berufsausbildung mit Abitur

70,1% Ausbildung zum Facharbeiter

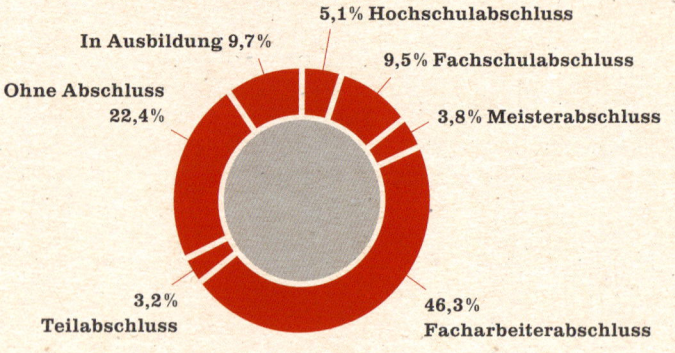

(i) Beruflicher Bildungsstand der Bevölkerung (ab 14 Jahren), 1989

In Ausbildung 9,7%

5,1% Hochschulabschluss

9,5% Fachschulabschluss

Ohne Abschluss
22,4%

3,8% Meisterabschluss

3,2%
Teilabschluss

46,3% Facharbeiterabschluss

⭘ DAS SCHULSYSTEM DER DDR

- **POLYTECHNISCHE OBERSCHULE (POS):** zehnstufige Regelschule, verpflichtend bis zur 8. Klasse
- **ERWEITERTE OBERSCHULE (EOS):** zum Abitur führende Schule von der 9. bis zur 12. Klasse
- **FACHARBEITERAUSBILDUNG:** dreijährige duale Ausbildung nach der POS
- **FACHSCHULE (MEDIZINISCH-PÄDAGOGISCH):** dreijähriges Studium nach der POS für Berufe wie medizinische Assistenten und Erzieher
- **FACHSCHULE (TECHNISCH-ÖKONOMISCH):** dreijähriges Studium nach der Facharbeiterausbildung für Berufe wie Ingenieure (ohne Diplom)
- **UNIVERSITÄT:** fünfjähriges Studium

Früh übt sich

Das Angebot zur Kinderbetreuung war vorbildlich. Der Staat benötigte die Arbeitskraft der Mütter und schaffte hierfür Kinderkrippen- und Kindergartenplätze in ausreichender Zahl. So konnte die Erziehung zum sozialistischen Staatsbürger schon im Kleinkindalter beginnen: Zählen mit Spielzeug-Panzern und -Soldaten war keine Seltenheit.

Um die Kinder schnell von der Windel zu entwöhnen, ließen die Erzieher die Kinder auf der Töpfchenbank sitzen – so lange, bis alle fertig waren. Der niedersächsische Kriminologe Prof. Pfeiffer sah darin in den 90er-Jahren einen Grund für den starken Rechtsextremismus in den neuen Bundesländern, was zur sogenannten Töpfchendebatte führte.

Der Streit hat sich gelegt und heute werden wieder Töpfchenbänke in einigen Kinderkrippen verwendet.

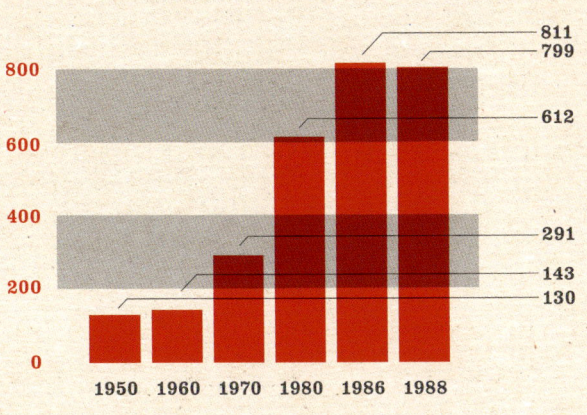

ⓘ **Kinderkrippenplätze je 1000 Kinder**

- 811
- 799
- 612
- 291
- 143
- 130

800
600
400
200
0

1950 1960 1970 1980 1986 1988

Der Traum von der Vollbeschäftigung

Verkäuferin

Ausbildung: 8. Klasse, zweieinhalbjährige Ausbildung

Gehalt 1988: 600 – 800 Mark

Bauarbeiter

Ausbildung: 10. Klasse, zweijährige Ausbildung

Gehalt 1988: 1.110 – 1.370 Mark

...erin

...erte ...sse), ...)

1.300 Mark

Bauer »Facharbeiter für Pflanzenproduktion«

Ausbildung: 10. Klasse, zweijährige Ausbildung, zum Abitur führend

Gehalt 1988: 1.197 Mark

Bäuerin »Facharbeiterin für Tierproduktion«

Ausbildung: 10. Klasse, zweijährige Ausbildung, zum Abitur führend

Gehalt 1988: 1.197 Mark

Arbeit stand im Mittelpunkt des Lebens: Jeder hatte einen Arbeitsplatz, nicht zu arbeiten galt als asozial und wurde bestraft. Der Betrieb war weit mehr als nur der Brötchengeber.

Schon Schulkinder wurden am wöchentlichen »Unterrichtstag in der Produktion« in die Arbeitsstätten eingeladen, um Theorie und Praxis der Planwirtschaft zu erlernen.

Es gab Betriebswohnungen, Betriebskrankenhäuser für erkrankte Mitarbeiter und deren Familien, Betriebskinderkrippen für die Kleinen und Betriebsferienheime für den Urlaub. Die betrieblichen Einrichtungen waren oft besser ausgestattet als die städtischen.

So wurde für viele Menschen der Arbeitsplatz zur zweiten Heimat, und es war nicht ungewöhnlich, dass jemand ein ganzes Berufsleben lang seinem Betrieb treu blieb. Die Kollegen der Brigade gehörten nicht selten auch zum Freundeskreis, man feierte zusammen, machte Ausflüge und horchte nach, wenn einer einmal nicht zur Arbeit kam.

Chemikerin

**Ausbildung: Erweiterte
Oberschule (12. Klasse),
Studium (5 Jahre)**

Gehalt 1988: 1.000 – 1.300 Mark

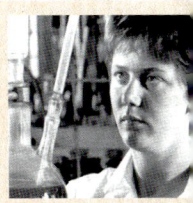

Ingenieur

**Ausbildung: 10. Klasse,
zweieinhalbjährige Ausbildung,
Fachschule (2 – 3 Jahre),
oder EOS (12 Jahre) und Studium (5 Jahre)
Gehalt 1988: 1.470 Mark**

Bergarbeiter

**Ausbildung: 8. Klasse,
dreijährige Ausbildung**

Gehalt 1988: 1.167 – 1.444 Mark

Auf dem Land änderte sich die Arbeit radikal: Nachdem die kleinen Bauernhöfe in Kollektive gezwungen worden waren, entstanden riesige »Landwirtschaftliche Produktionsgenossenschaften«. Wie in einer Fabrik hatte jeder seinen Teilbereich und wurde zum Facharbeiter in der Tier- oder Pflanzenproduktion.

In den großen Betrieben gab es eine »Straße der Besten«. Dies waren breite Tafeln an den Wänden, auf denen Fotos von Arbeitern und Kollektiven hingen, die ihr Soll erfüllt oder übertroffen hatten. Zusätzlich gab es für schnelle Arbeit Prämien, Orden und Titel. Die Kollegen wetteiferten beständig um die Ergebnisse – ein Ersatz für den fehlenden Wettbewerb zwischen den Betrieben.

Die Titel und Orden schmücken heute nur noch Brigadebücher – der Wettbewerb zwischen den Betrieben ist zurückgekehrt, die Vollbeschäftigung ist Geschichte.

Planwirtschaft ohne Plan

Von allen Berufsgruppen der DDR waren die Ökonomen die bedauernswerteste. Wie die Alchimisten an den mittelalterlichen Fürstenhöfen saßen sie in ihren Hexenküchen und sollten aus minderwertigem Metall Gold machen. Manchem von ihnen schwante sicherlich, dass all die Mühen vergeblich sein könnten, weil die Grundannahme falsch war. Doch davon wollten die feudalen wie die sozialistischen Fürsten nichts hören. So wurden immer neue Mixturen probiert, der Stein der Weisen aber nicht gefunden.

In den frühen 50er-Jahren wurde das Heil nach sowjetischem Vorbild in einer vorrangigen Entwicklung der Schwerindustrie gesehen. Stahlwerke wurden aus dem Boden gestampft, wie in Stalinstadt, dem späteren Eisenhüttenstadt. Doch die nötige neue Infrastruktur machte solche Riesenwerke unwirtschaftlich. In großem Umfang wurde Braunkohle abgebaut und damit die Heizkraftwerke gefüttert. Seit 1959 wurde auf die Veredelung von sowjetischem Erdöl gesetzt. Die Zauberformel hieß nun: »Chemie bringt Brot, Wohlstand und Schönheit.« Die Reform-

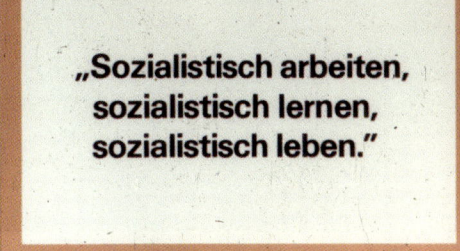

„Sozialistisch arbeiten,
sozialistisch lernen,
sozialistisch leben."

politik der frühen sechziger Jahre setzte
zu Recht auf Erneuerung der Strukturen.
Weniger Plan, mehr Eigenverantwor-
tung. Produkte sollten sich auf dem
Markt behaupten, also auch miteinander
konkurrieren. Davon sollte das Gehalt der Werktätigen und der Betriebs-
leiter abhängen. System der materiellen
Hebel hieß die neue Formel. Doch wie
sollte das angesichts gesetzlich verord-
neter Endverbraucherpreise funktionie-
ren? Das neue ökonomische System der
Planung war gut ausgedacht, aber
passte nicht zu den starren politischen
Strukturen der Parteiherrschaft.

Zukunftsorientiert setzte man auf Wis-
senschaft und Technik, das neue Zau-
berwort hieß Kybernetik. Die Steuer-
technik sollte nun die Lösung aller Probleme bringen.

Eine Anekdote spottet: »Die SED
ließ 1965 eine elektronische Rechenma-
schine sowjetischer Bauart mit allen
Wirtschaftsdaten der DDR füttern. Lange ratterte es, dann spuckte sie die An-
weisung aus: Das Politbüro der SED
absetzen!«

Das Problem war, dass der Compu-
ter keinen Klassenstandpunkt hatte, er
dachte logisch, nicht parteiisch.

Anfang der siebziger Jahre belasteten die teuren Sozialleistungen zunehmend die Wirtschaft. Investitionen wurden zugunsten eines wachsenden Sozialfonds immer mehr zurückgefahren. Die Rohstoffpreise verteuerten sich und die Sowjetunion ließ sich ihr Erdöl mit Weltmarktpreisen bezahlen. Die DDR geriet in eine Spirale nicht mehr bezahlbarer Auslandsschulden. 1983 sprang ihr der Klassenfeind bei, und gewährte eine Bundesbürgschaft für einen Milliardenkredit. Doch in größerem Umfang konnten nur durch Exporte Devisen erwirtschaftet werden.

Noch einmal klammerte sich die SED-Führung an eine Zauberformel. Der 1-Megabitspeicher sollte den Sozialismus retten. Doch die Pleite war nicht mehr aufzuhalten. Als im Oktober 1989 die neue Führung den Kassensturz machte, sagten die Fachleute, eine Rettung der DDR sei nur auf Kosten des Lebensstandards möglich. Ungefähr um ein Drittel müsse das ohnehin nicht gerade hohe Lebensniveau der Bürger gedrosselt werden. Preissteigerung durch Aufgabe von Subventionen, reale Mieten, Abbau von Sozialleistungen und anderes wären nötig gewesen. Das

hätte 1989 zu einer gewaltsamen Explosion geführt. Also machte man den Laden dicht. Das Ende der DDR trug alle Züge eines betrügerischen Bankrotts. Die Verantwortlichen schlichen sich davon und überließen die Probleme den Insolvenzverwaltern.

GESTATTUNGSPRODUKTION

Für westliche Unternehmen war die DDR ein Billiglohnland. Die SED machte sich das zunutze: Sie brauchte Devisen und gestatte etlichen Unternehmen daher die Produktion auf sozialistischem Boden. Bekannte Beispiele sind Unterwäsche der Marke Triumph, Salamander-Schuhe, Blaupunkt-Autoradios, Varta Batterien, Nivea-Creme und Bärenmarke, aber auch Pepsi-Cola und Kölnisch Wasser. Einzige Bedingung: Ein Teil der Waren musste in der DDR verbleiben – so waren die Intershop-, Delikat- und Exquisit-Regale in den 80er-Jahren voll mit in der DDR hergestellten Produkten – meist aber viel zu teuer für den normalen Bürger.

17.07.84: IN GANZ DESSA
10.10.83: JOHNS KONSUM
VERKAUFT; KEINE KAFF
KRÄUTERTEE! 12.08.84:

Ausverkauft

»Es gibt alles zu kaufen,« witzelten die Leute, »nur nicht immer und überall und schon gar nicht, wenn man es gerade braucht.« In der Tat produzierte die DDR-Wirtschaft viele Produkte von Weltniveau und sie war das wirtschaftlich fortgeschrittenste Land der Ostblock-Staaten. Ging man jedoch in die Geschäfte und Kaufhallen des sozialistischen Einzelhandels, war von Wirtschaftskraft nicht viel zu spüren.

Einmal fehlten Schreibpapier und Briefumschläge, ein andermal gab es keinen Honig oder kein Knäckebrot. Obst und Gemüse waren fast immer knapp, nicht nur Südfrüchte, auch Tomaten und Gurken. Fleisch und Wurst für das Wochenende kaufte die kluge Hausfrau möglichst schon am Donnerstag.

Grund für den Mangel war die Planwirtschaft, die eine ineffiziente Produktion und eine schwerfällige Bürokratie zur Folge hatte. Alle Waren wurden von oben zugeteilt, unten kam ein Großteil davon an völlig falscher Stelle an. Manche Produkte bekamen die Konsumenten kaum zu Gesicht, weil sie für den Export bestimmt waren.

Die Konsumenten im Westen jagten nach Schnäppchen, in der DDR jagte man nach Mangelware. Ständig »auf dem Anschlag« trug man einen zusammengefalteten Einkaufsbeutel in der Aktentasche – »falls es irgendwo was gibt«. Der Kunde kaufte nicht mehr, was er brauchte, sondern das, was vorrätig war. Der Mangel führte nicht zu Sparsamkeit, sondern zu Verschwendung.

Die Preise richteten sich im Sozialismus nicht nach Angebot und Nachfrage, sondern waren staatlich festgelegt, teilweise erheblich subventioniert. Mieten, Strom, Gas, Wasser und manche Grundnahrungsmittel waren so billig, dass die Menschen allzu großzügig damit umgingen.

In den letzten DDR-Jahren gab es kaum noch ein Produkt, das immer und überall im Angebot war. Die Verkäufer rationierten ihre Waren: Baumwollwindeln oder Kinderwäsche bekam man abgezählt gegen Vorlage des Ausweises. Am besten brachte die Mutti die Kinder als Beweis gleich mit.

ⓘ Handelsorganisation

Centrum-Warenhäuser

- in vielen mittleren und großen Städten
- ein relativ breites Sortiment
- größtes am Berliner Alexanderplatz

Centrum-Versandhaus

- Großversandhaus mit Sitz in Leipzig
- 1972 konnten täglich mehr als 50.000 Pakete gepackt und versandt werden

Exquisit- und Delikat-Läden

- seit 1978 in vielen Städten ansässig
- Kleidung und Lebensmittel
- hohe Qualität zu sehr hohen Preisen
- oft aus »Nichtsozialistischen Wirtschaftsgebieten« (NSW) importiert

Intershops

- an Grenzübergängen, Flughäfen
- hochwertige steuerfreie Produkte, Verkauf aber nur in Devisen
- ab 1979 für DDR-Bürger Zahlung nur mit Forumschecks

ⓘ Konsumgenossenschaft

Konsument-Warenhäuser

- nahezu in jedem Ort
- für gesammelte Rabatt-Marken gab es am Ende jedes Jahres eine Rückvergütung

Konsument-Versandhaus

- Sitz in Karl-Marx-Stadt (Chemnitz)
- sehr breites Angebot
- musste 1976 aus Mangel an Produkten eingestellt werden

ⓘ »Genex«-Versandhandel

Geschenk- und Kleinexporte GmbH

- 1956 von der DDR-Regierung gegründet
- sollte dem Staat Devisen beschaffen
- Bestellung aus dem Ausland für Bürger in der DDR

Volkseigene Warenwelten

Die Namen der Produkte in den Kaufhallen versprachen eine Glitzerwelt, die sich nur wenig von den Versprechungen der westlichen Werbung unterschied.

»Diamant« hießen die Fahrräder der DDR-Produktion, »Karat« die begehrte Schrankwand, »Goldkrone« war ein beliebter Weinbrand, »Juwel« eine Zigarettensorte.

Der Klebstoff »Rapid«, die »Tempo-Linsen« oder das Ersatzkaffeepulver »Im Nu« ließen Modernität und Rationalität vermuten, ebenos wie »Kurzkoch-Reis« in Beuteln und praktische Fertiggerichte. Der werktätigen Hausfrau sollte die Arbeit am Herd erleichtert werden.

Die heimlichen Träume der Kunden wurden aber vom Werbefernsehen der Bundesrepublik bestimmt. »Das ist ja wie aus dem Westen« blieb das höchste – meist ironisch gemeinte – Lob des DDR-Bürgers für ein Produkt aus der volkseigenen Produktion.

Über Westpakete flossen ständig westliche Waren in die DDR. Zunächst war dieser Warenstrom der Partei gar nicht recht: Westliche Kleidung war in Schulen verpönt, westliches Schreibgerät oder andere Utensilien konnten tadelnde Worte des Lehrers zur Folge haben. Bilder von Popstars oder Fußballern der Bundesliga wurden eingezogen.

In den späten Jahren der DDR akzeptierte die Partei den stillen Import, weil er den Einzelhandel entlastete.

Am liebsten war es der DDR-Führung, wenn im »Intershop« die Westgeldkassen klingelten. In den Devisenläden gab es – nach dem Muster der Duty Free Shops – steuerfrei West-Waren und den Duft der großen weiten Welt.

HONECKER BESUCHT DAS PORZELLANWERK IN MEISSEN.
VERLEGEN BERICHTET DER DIREKTOR:
»FÜNF PROZENT DER PRODUKTION SIND AUSSCHUSS.«
HONECKER FRAGT BESORGT:
»REICHEN DIE DENN FÜR UNSERE BEVÖLKERUNG?«

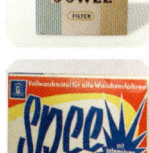

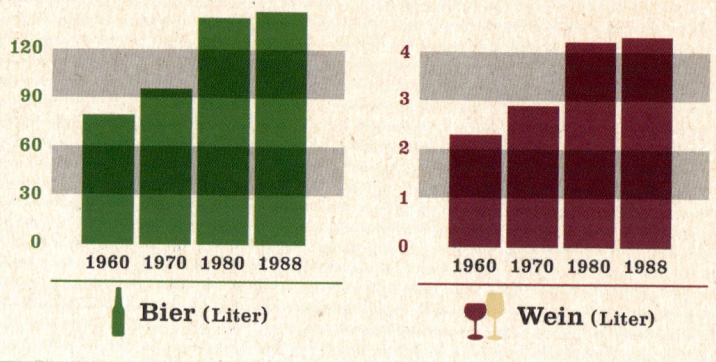

Pro-Kopf-Verbrauch ausgesuchter Genussmittel

Bier (Liter)

Wein (Liter)

Krusta
mit Ochsenblut

Alkohol war Droge Nummer 1: Umgerechnet 16 Liter reinen Alkohol tranken Männer genauso wie Frauen pro Jahr – weltmeisterlich! Das sind 286 Flaschen Bier und 23 Flaschen Schnaps pro Person.

Ein Reinheitsgebot für Bier gab es nicht – jede Sorte schmeckte anders, weil andere Rohstoffe benutzt wurden: Reisgrieß, Maisgrieß, Milchsäure oder Kieselgelpräparate. Guter sächsischer Wein war reserviert für Staatsempfänge – Ochsenblut, Eselsmilch und Balkanfeuer für einfache Arbeiter und Bauern kamen aus Jugoslawien, Bulgarien und Ungarn. Wer es härter wollte, trank Goldi, Primasprit, blauen Würger oder Gotano.

Nur auf der Straße und in der Nationalen Voksarmee war Alkohol verboten: Das Autofahrer-Bier »Aubi« sollte helfen, schmeckte aber nicht.

Im Restaurant musste man viel Zeit mitbringen: Am Eingang stand ein Schild »Sie werden platziert!«. Obwohl Plätze frei waren, hatten die Gäste zu warten bis ein Kellner kam. Der platzierte die Gäste entweder oder behauptete, es sei alles voll.

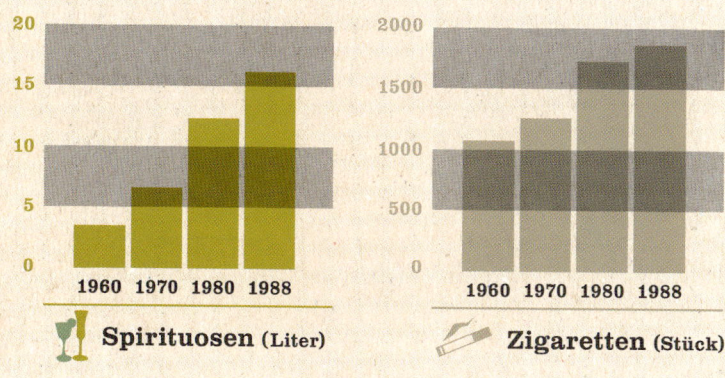

Spirituosen (Liter)

Zigaretten (Stück)

Das Brathähnchen »Goldbroiler« gab es schneller an der Imbissbude. Der Name stammt vom englischen »to broil« – außergewöhnlich, denn englische Namen sollten sonst nicht auf den Tisch kommen: Aus dem Hamburger wurde »Grilletta«, statt Hot Dog gab es die »Ketwurst«. »Krusta« war das Gegenstück zur Pizza. Anstelle von Coca-Cola trank man »Club-Cola« oder »Vita-Cola« mit einem Schuss Zitrone und viel Sprudel.

War kein Fleisch vorhanden, wurde eine Scheibe Wurst paniert und mit Nudeln und Tomatensoße serviert – fertig war das Jägerschnitzel. Aus den Resten zauberte die Hausfrau eine Soljanka, eine russische Suppe aus Fleisch, Speck, Zwiebeln und Gurken.

Freund hört mit

Jeder musste damit rechnen, dass seine Post kontrolliert, das Telefon und die Wohnung abgehört und Spitzelberichte angefertigt wurden. Gegenüber der Stasi war der Bürger vollkommen rechtlos. Sie hatte uneingeschränkten Zugang zu allen Unterlagen – vom Bankkonto bis zur Krankenakte. Mit heimtückischen Methoden der »Zersetzung« zerstörte sie die berufliche Laufbahn und sogar das Familienleben von Bürgern, die auffällig geworden waren.

Eine der ersten Maßnahmen des jungen Staates war die Gründung des Ministeriums für Staatssicherheit (MfS) im Jahr 1950 gewesen. Die Stasi war politische Geheimpolizei, ideologische Überwachungsinstanz, Auslandsnachrichtendienst und Vollzugsbehörde.

Das MfS verfügte über eigene Militäreinheiten, Untersuchungshaftanstalten, ein Netz von konspirativen Ob-

Links *Abhörtechnik in der Ausstellung*
Rechts *Observation der Blues-Messe in der Erlöserkirche, Berlin 30.09.1983*

jekten und Wohnungen, eigene Gesundheits-, Versorgungs- und Erholungseinrichtungen, spezielle Kommunikationssysteme und ein international agierendes Wirtschafsimperium.

Dennoch war die Stasi keineswegs »Staat im Staate«, sondern im Gegenteil die eiserne Klammer, die den SED-Staat zusammenhielt. In ihrem Selbstverständnis war die Stasi »Schild und Schwert der Partei«.

Bis 1989 wurde der Sicherheitsapparat kontinuierlich ausgebaut. Er verfügte zum Zeitpunkt seiner Auflösung über 93.000 hauptamtliche und 173.000 Inoffizielle Mitarbeiter (IM).

Die IM bespitzelten Kollegen, Nachbarn, sogar Verwandte und die eigenen Ehepartner und informierten unter Decknamen ihre Verbindungsoffiziere.

Im MfS stapelten sich die Aktenberge mit den banalsten Beobachtungen, aber auch Geruchsproben von politischen Gegnern.

Als das Ausmaß der Bespitzelung bekannt wurde, waren selbst die treuesten Systemanhänger schockiert.

Berlin, den 10.12.81

Erklärung

Ich, Alexander ▬▬▬▬▬▬
16.6.46
1058 Berlin ▬▬▬▬▬▬▬▬

erkläre mich bereit, auf freiwilliger Basis
mit dem MfS der DDR zusammenzuarbeiten.
Diese Zusammenarbeit wird inoffiziellen
Charakter tragen und bedarf deshalb der
unbedingten Einhaltung der Konspiration
gegenüber dritten Personen, Institutionen
bzw. anderer bewaffneter Organe, die
ich strikt einhalten werde.
Ich werde das MfS entsprechend meinen
Möglichkeiten unterstützen und dabei
ehrlich, objektiv und ausführlich zu den
komplexen sprechen.
Zur Aufrechterhaltung der Verbindung zum
MfS und der Konspiration werde ich den
von mir gewählten Decknamen
"Thomas Ledin" benutzen.

Das **MfS** in Zahlen

- **91.000** hauptamtliche Mitarbeiter (1989)
- **84%** männlich und fast alle SED-Mitglieder
- **173.000** inoffizielle Mitarbeiter (1989)
- **280.000** Urteile aus politischen Gründen
- **90.000** Briefe wurden täglich geöffnet
- **20.000** Telefonanschlüsse wurden abgehört
- **4.200.000.000** Mark der DDR pro Jahr (1989)
- **39.000.000** Karteikarten und **180 km** Akten der Stasi lagern heute noch in den Archiven

Bilder Untersuchungshaftanstalt Berlin-Hohenschönhausen

⬤ DER VERBOTENE STADTTEIL

Die Gefängnisse der Staatssicherheit waren geheim. Das Untersuchungsgefängnis Hohenschönhausen lag in einem Sperrbezirk, der auf keinem Stadtplan verzeichnet war. Nur Mitarbeiter der Stasi wohnten dort. Auch die Gefangenen durften nichts erfahren: Sollten sie von einem Block, in den nächsten verlegt werden, fuhren sie im geschlossenen Transporter stundenlang durch Berlin – für eine Strecke von wenigen Metern. Auch für Besuche von Angehörigen wurden sie in andere Gefängniss gebracht.

▨ Nicht eingezeichneter Straßenverlauf
▨ Gelände der früheren zentralen Untersuchungshaftanstalt des MfS

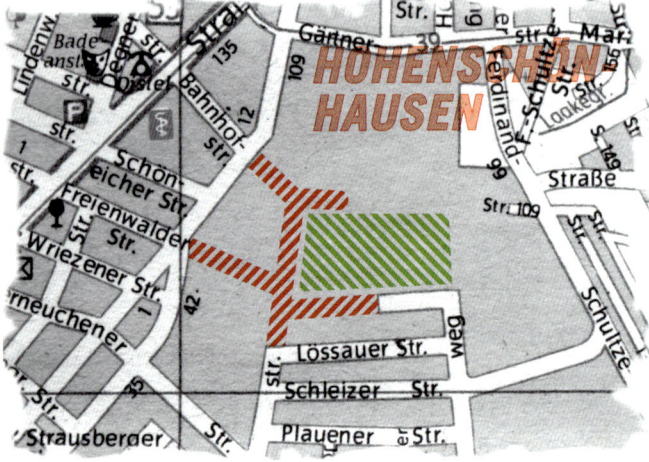

ⓘ Kleines Wörterbuch der Stasi-Sprache

MfS
Ministerium für Staatssicherheit der DDR, im Volksmund Stasi

HVA
Hauptverwaltung Aufklärung, zuständig für Auslandsspionage

IM
Inoffizielle Mitarbeiter bespitzelten unter der Leitung von Führungsoffizieren ihre Mitbürger

KW
Konspirative Wohnung, diente als Treffpunkt von Führungsoffizier und IM

OPK
Operative Personenkontrolle, Sammlung von Material über einzelne Bürger

OV
Operativer Vorgang, Untersuchungsvorgang gegen einzelne Bürger oder Gruppen

PID
Politisch-ideologische Diversion, kritisches Denken

PUT
Politische Untergrundtätigkeit, oppositionelle Aktivität

OibE
Offiziere im besonderen Einsatz arbeiteten verdeckt im Staatsapparat oder in der Volkswirtschaft

Auferstanden
aus Ruinen

ⓘ **Durchschnittliche Wohnungsausstattung (in Prozent)**

	1971	1989
Bad/Dusche	39	82
Innentoilette	36	76
Moderne Heizung	11	47
Telefon	8	16

Zerfallene Häuser in den Straßen, Splittereinschläge in den Fassaden, Wegweiser zum Luftschutzraum – die Kriegsschäden waren den Städten der DDR noch lange anzusehen, teilweise bis zur Wende.

Dabei fehlte es nicht an Gesängen und Parolen, die den Wiederaufbau rühmten. Das Lied »Bau auf! Bau auf! Freie Deutsche Jugend, bau auf!« wurde zum Ohrwurm der frühen Jahre. Gebaut wurde anfangs allerdings mehr zu Repräsentationszwecken.

Anfang der 60er-Jahre forcierte Walter Ulbricht großspurig die Modernisierung der Zentren von Berlin, Leipzig, Dresden und der anderen Bezirksstädte. Der Fernsehturm und das Hotelhochhaus am Alexanderplatz kündeten stolz von den Erfolgen des Sozialismus, lösten aber nicht das Wohnungsproblem.

Erst in den 70er-Jahren rief der Staat ein großes Wohnungsbauprogramm ins Leben. Am Rande der Großstädte wurden Neubauviertel in Plattenbauweise aus dem Boden gestampft. Die neuen Wohnungen waren heiß begehrt, und wer eine bekam, hatte Grund zum Feiern.

Auch Altbausanierung wurde stärker betrieben. Doch die Mittel reichten nur für Prestigeobjekte. Das Vorzeigeprojekt war das Nikolaiviertel in Berlin, eine Mischung aus Plattenbauten in historischem Stil und wenigen sanierten Baudenkmälern. Die alten Städte verfielen zusehends. Es ging das ironische Wort: »Ruinen schaffen ohne Waffen«.

Der Wohnungsmangel ließ sich nicht beseitigen, da einer der Gründe für den Mangel die lächerlich geringe Durchschnittsmiete war – wer einmal eine Wohnung hatte, behielt sie, auch wenn sie nach dem Auszug der Kinder viel zu groß war.

⊙ ARBEITERSCHLIESSFÄCHER

WBS 70 ist die Abkürzung für Wohnungsbauserie 70, die meistverbaute Plattenbauserie der DDR. Während des großen Wohnungsbauprogramms wurden zwischen 1971 und 1989 über 1,5 Millionen Plattenbauwohnungen errichtet. Da 42 % davon zur WBS 70 zählten, wurde die Abkürzung das Synonym für Plattenbauten. Jede Wohnung hatte ein eigenes Bad, genannt Nasszelle und Fernwärmeanschluss. Das war Luxus im Vergleich zur Altbauwohnung mit WC im Treppenhaus und Kohleofen. Und zudem günstig: Ein durchschnittlicher Haushalt gab nur 2,4 % seines Einkommens für Miete aus.

Gute Stube

Die alten Häuser, in Vorkriegszeiten gebaut, waren zum großen Teil auch auf Vorkriegsniveau: Kohleofen, kein Badezimmer, das WC oft auf halber Treppe, einfache Fenster und feuchte Wände. Daran änderte sich nicht sonderlich viel, denn neue Wohnungen wurden in den fünfziger und sechziger Jahren viel zu wenig gebaut. Der Wohnungsmangel wurde zum zentralen sozialpolitischen Problem.

Seit Anfang der siebziger Jahre wurde der repräsentative Ausbau der Stadtzentren eingestellt, stattdessen schossen am Rande der Großstädte Plattenbausiedlungen in die Höhe. Der Weg zum Wohnglück führte über das Wohnungsamt, denn Wohnraum wurde vom Staat verteilt. Wer genug Geduld, gute Beziehungen und ein bisschen Glück hatte, erhielt nach einigen Jahren eine der begehrten »Vollkomfort«-Wohnungen.

Der Einzug war ein kleines Fest, zu dem Gäste geladen wurden. Endlich waren das tägliche Kohleschleppen, das Kinderbaden in der Küche und der nächtliche Gang durch das kalte Treppenhaus zum Gemeinschaftsklo vorbei. Zudem waren die Mieten spottbillig. Wohnen gehörte zu den Grundbedürfnissen, die vom Staat großzügig gestützt waren.

Das kleine Wohnparadies wurde liebevoll und aufwändig gestaltet. Beliebt

Bild *Wohnzimmer in Dessau, 1981*

Bild *Wohnzimmer-Nachbau in Berlin, 2006*

waren Sitzgarnituren mit einem verstellbaren Mulftunktionstisch, und, und einer Klapp-Couch, die sich zum Bett verwandeln ließ, wenn mal Gäste kamen. Es gab dicke, weiche Teppiche, schwere Übergardinen und Stores aus Tüll. Und »Karat« durfte natürlich nicht fehlen, die Schrankwand fürs Wohnzimmer, die sich die meisten nur per Kredit leisten konnten. Weil viele Wohnungen im ganzen Land gleich geschnitten waren, wurden auch die Möbel nach Einheitsmaß produziert. Das war praktisch,

aber letztlich sahen die Wohnungen von innen alle irgendwie ähnlich aus.

Dabei waren die Menschen nicht blind gegenüber der Gleichförmigkeit der Plattenbausiedlungen. Sie versuchten die Monotonie des Einheitsbetons durch liebevolle Gestaltung der Details zu mildern. Besonders auf den Balkonen wurde die Individualität ausgelebt. Sie wurden mit Fachwerk, Wagenrädern, Hufeisen, Petroleumlampen und anderen Gegenständen ausgeschmückt.

Jedermann griff zur Säge und bastelte sich selbst etwas zusammen. Handwerkliche Fähigkeiten waren ohnehin von Vorteil, denn einen schnellen Handwerkerservice hatte die DDR noch nicht erfunden. Also hieß es selber tischlern, fliesen, malern, tapezieren und klempnern – all dies konnte man in der Oberschule lernen. Wohnen hieß Basteln. Und wenn die Farbe getrocknet war: Immer rein in die gute Stube!

336 DER HAUSHALT

Für Arbeiten, die im Knien zu verrichten sind
45 cm), das man selbst anfertigen und mit ein
kann.

Gleichmäßige anstrengende Arbeit läß

Lasten soll man vom Boden mit gebeugten K
leichter als mit einem, am leichtesten dann, we

BET

Bettgestell. Bei einer gründlichen Säuberung
zunehmen ist, werden Deckbetten, Decken und
Das Gestell wird von allen Seiten sorgfältig gerei
den Möbel (s. S. 358) verfährt.

Matratzen. Den Rahmen der *Sprungfedermat*
man mit dem Pinsel ab. *Kastenmatratzen* kann
bürsten. Auch die *Auflegematratzen* werden am
ist zu vermeiden, da es der Füllung schadet.
wenn sie öfter gegeneinander ausgewechselt wer
nicht erst Vertiefungen einliegen. Es empfiehlt
Decke auf die *Sprungfedermatratze zu legen*. Fac
Matratzenschoner an.

empfiehlt sich ein kleines Polster (etwa 30 mal
n abwaschbaren Überzug aus Plastfolie versehen

die Leistungsfähigkeit schnell absinken

en hochheben. Das Tragen mit zwei Armen ist
a die Lasten nahe am Körper gehalten werden.

TEN

er Betten, die mindestens einmal im Jahr vor-
Matratzen aus dem Bettgestell herausgenommen.
gt, wobei man wie bei der Pflege der entsprechen-

atzen wischt man feucht ab, die Spiralen staubt
nan von beiden Seiten absaugen oder kräftig ab-
sten von allen Seiten abgesaugt; heftiges Klopfen
e einzelnen Teile der Aufleger werden geschont,
n, damit sich an den stark beanspruchten Stellen
ch, zum Schutz der Auflegematratzen eine dicke
geschäfte fertigen für diesen Zweck auch spezielle

Gleichberechtigung, manchmal

Die »Familie ist die kleinste Zelle der Gesellschaft«, hieß es im Artikel 38 der DDR-Verfassung. »In dieser kleinsten Zelle sitzt du nun lebenslänglich!«, wurde am Hochzeitstag oft gewitzelt. Dabei waren die Scheidungsziffern in der DDR relativ hoch. Die Ehe war weniger bindend als in der BRD: Man heiratete früh, konnte sich aber sehr unbürokratisch wieder scheiden lassen. In der DDR gab es darum eine große Zahl alleinerziehender Eltern.

Die Partei hielt dennoch das traditionelle Ideal der Kleinfamilie hoch und förderte junge Ehepaare mit einem zinslosen Warenkredit in Höhe von 5.000 Mark zur Finanzierung des neuen Hausstands.

Mit jedem Kind wurde die Kreditschuld geringer und beim dritten Kind galt der Kredit als abgezahlt. Junge Mütter erhielten ein Babyjahr, in dem das Gehalt in Höhe des Krankengeldes weitergezahlt wurde. Nach dem Ablauf der Zeit war die Rückkehr an den alten Arbeitsplatz garantiert. Um jungen Müttern die Berufstätigkeit zu ermöglichen, wurden Kinderkrippen, Kindergärten und Schulhorte ausgebaut. So kam es, dass über neunzig Prozent der Kinder in den Kollektiveinrichtungen erzogen wurden.

Natürlich hatte dieses System auch seine Schattenseiten. Viele Kinder fühlten sich in den staatlichen Einrichtungen nicht wohl. Wenn ein Kind erkrankte, musste ein

ⓘ Frauen in Führungspositionen, 1988

Politik

1 Ministerin

Industrie

2,4% der Kombinatsdirektoren

Wissenschaft

15% der Professoren/Dozenten

Handwerk

20% der Handwerksmeister

Sozialwesen

52% der Gruppenleiter

ⓘ Nettogehälter im Vergleich, 1988

1.074 Mark

1.207 Mark

894 Mark

1.016 Mark

Arbeiter

Hochschulkader

Elternteil daheim bleiben — meistens die Mutter. Für Betriebe mit vielen Frauen waren die häufigen Fehlzeiten ein Problem. Nach dem Ende der DDR waren die Kinderkrippen Gegenstand heftiger Auseinandersetzungen. Der kollektive Gang aufs Töpfchen wurde von Einzelnen nun für die Neigung zu autoritärem Verhalten verantwortlich gemacht.

Sicher ist, dass die Berufstätigkeit der Frau das Alltagsleben der DDR stark geprägt hat. Das eigene Einkommen sicherte ein hohes Maß an Eigenständigkeit. In den Familien allerdings überwog das traditionelle Rollenschema. Die Frau kümmerte sich auch im Sozialismus um den Haushalt und die Kindererziehung. Der Mann reparierte das Auto und die technischen Geräte. Auch im Berufsalltag blieb es trotz aller staatlichen Bemühungen bei der klassischen Aufteilung: Leitungspositionen wurden in der Mehrzahl von Männern eingenommen.

Links Küche in der Ausstellung

⭕ DRUM PRÜFE, WER SICH EWIG BINDET

Sex vor der Ehe war in der DDR akzeptiert. Erste Aufklärung gab es bereits in der fünften Klasse. Ab 16 bekamen Mädchen dann die »Wunschkindpille« kostenlos — hatte man sie vergessen, musste man sich mit den »Gummifuffzigern« aushelfen: Kondome der Marke »Mondos« für 50 Pfennig das Stück. Oft heiratete man die erste große Liebe auch, im Durchschnitt mit Anfang 20. Im Standesamt, nur ganz selten in der Kirche. Die Ehe brachte einige Vorteile: eigene Wohnung, und großzügige Ehekredite. Nicht immer hielt die Ehe: So schnell und unkompliziert man heiraten konnte, so einfach konnte man sich auch wieder trennen: 2 von 3 jung verheirateten Frauen wurden schon nach etwa 3 Jahren wieder geschieden.

Herr Schni und sein neues Deutschland

Über zu wenig Politik in den Medien konnten sich die Menschen in der DDR nicht beklagen. Die 39 Zeitungen, der Rundfunk und das Fernsehen langweilten ihre Leser und Zuschauer regelmäßig mit der Verbreitung der Reden, die auf den Plenarsitzungen und Parteitagen der SED gehalten wurden. Gute Genossen hatten über die neueste Linie der Partei Bescheid zu wissen.

Vor allem das Zeitungslesen war eine trockene Angelegenheit. Die hölzerne Sprache, das »Parteichinesisch« gab der typischen DDR-Gazette den Charme eines Amtsblattes. Die politischen Berichte waren oft bis auf Punkt und Komma diktiert und stammten aus dem Zentralorgan der SED, dem »Neuen Deutschland«.

Kleinere Oasen in den Bleiwüsten der gleichgeschalteten Texte waren die Literatur- und Theaterkritik oder heimatgeschichtliche Plauderei. Wirkliche Überraschungen boten allein der Wetterbericht und die Fußballergebnisse.

Die harten politischen Fakten versteckten sich für gewöhnlich hinter ideologischen Floskeln. Wer kurz und klar informiert werden wollte, musste den Deutschlandfunk Köln oder einen der Westberliner Sender einschalten. Allabendlich hielt via Radiolautsprecher und Fernsehbildschirm der Klassenfeind Einzug in die Wohnzimmer der DDR.

Das Ost-Fernsehen war hauptsächlich wegen seiner Unterhaltungssendungen und der alten Filme beliebt. Jeden Montag um zwanzig Uhr kam ein UFA-Unterhaltungsfilm aus den 30er- oder 40er-Jahren, der so genannte »Montagabendfilm«.

Doch Sekunden nach dem Happyend erschien der Vorspann zum »Schwarzen Kanal«, und dann trat Karl-Eduard von Schnitzler auf. Er schnipselte Sendungen des Westfernsehens auseinander und kommentierte sie hämisch. Die Maßeinheit »ein Schni« ist die Zeit, die man braucht, den Fernseher umzuschalten, wenn Schnitzler kommt und seinen Namen ins Mikrofon spricht.

Trotz alledem gab es auch DDR-Unterhaltungssendungen, die so beliebt waren, dass sie nicht nur Millionen Ostbürger, sonders auch »Westler« vor die Fernseher lockten. Sendungen wie Willi Schwabes »Rumpelkammer« und »Ein Kessel Buntes« boten Spannung, Spaß und viel Humor — alles, was dem »Neuen Deutschland« fehlte.

ⓘ TV-Einstrahlung

des BRD-Fernsehens in das Territorium der DDR

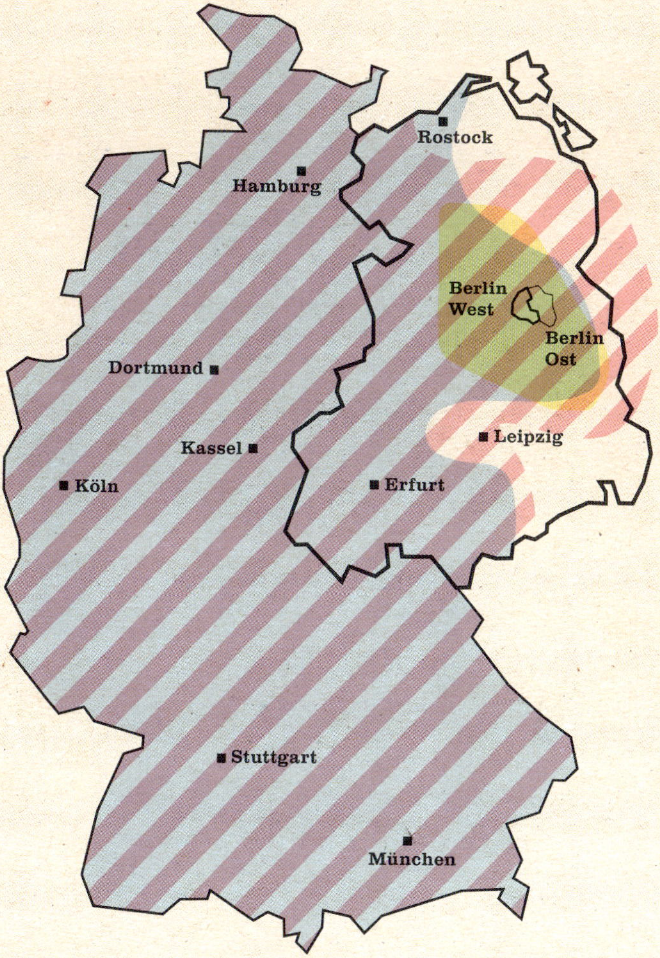

Rostock

Hamburg

Berlin
West

Berlin
Ost

Dortmund

Kassel

Leipzig

Köln

Erfurt

Stuttgart

München

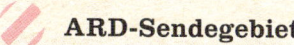 **ARD-Sendegebiet**

ZDF-Sendegebiet

Einstrahlung aus Berlin-West

ⓘ Fernsehsendungen

»Der schwarze Kanal«

Den Empfang von Westfernsehen konnte die SED nicht verhindern – aber zumindest für die richtige Bewertung sorgen. Karl-Eduard von Schnitzler, auch bekannt als Sudel-Ede, zeigte jeden Montag Ausschnitte aus dem Westfernsehen und kommentierte sie hämisch.

»Aktuelle Kamera«

Um 19.30 Uhr begann die tägliche Nachrichtensendung des DDR-Fernsehens. Pünktlich zwischen »heute« im ZDF und der »Tagesschau« der ARD. So mussten die DDR-Bürger weder auf sozialistische noch auf kapitalistische Nachrichten verzichten und konnten direkt vergleichen.

»Prisma«

Das Politikmagazin mit dem Untertitel »Probleme – Prozesse – Personen« nahm zweiwöchentlich Wirtschaft, Gesellschaft und Politik unter die Lupe und machte durchaus kritisch auf Missstände aufmerksam.

»Unser Sandmännchen«

Jeden Abend um zehn vor sieben trat das Sandmännchen vor die Kamera. Eine 25 cm große Trickpuppe mit Spitzbart und Zipfelmütze überbrachte den Kindern einen Abendgruß und schickte sie dann ins Bett. Das Sandmännchen kommt noch heute.

»Mach mit, mach's nach, mach's besser«

Gerhard »Adi« Adolph ließ jeden Sonntagvormittag zwei Schulklassen in verschiedenen Sportdisziplinen gegeneinander antreten. Am Jahresende ging es um den Pokal des Nationalen Olympischen Komitees.

Die Verheißung der Sibylle

Von den griechischen Sibyllen erzählt die Sage, dass sie seherische Fähigkeiten hatten und die Zukunft voraussagten. Auch die führende Modezeitschrift der DDR hieß »Sibylle«, und ihre Verheißungen waren ebenfalls meist utopisch: Die abgelichteten Kleider waren schick und modern, nur nirgends zu kaufen.

Praktisch und langlebig sollte die Mode sein, passend zum Ideal der werktätigen Frau. Bewusst versuchten die Modemacher der DDR, sich von der westlichen Kultur abzuheben, die in jeder Saison eine neue Kreation auf den Markt warf.

Doch nie gelang es dem tonangebenden »Modeinstitut Berlin«, eine Mode

der neuen Gesellschaft zu kreieren. Im besten Falle vermochten sie, die westlichen Trends relativ zeitnah zu kopieren.

Die bürokratischen Instanzen der Planwirtschaft machten das unendlich schwierig. Es war wie beim Wettlauf von Hase und Igel: Wenn die DDR-Mode endlich den Anschluss an die internationale Entwicklung gefunden zu haben glaubte, waren die Produkte schon längst überholt.

Hinzu kamen die materialbedingten Schwierigkeiten. Regelmäßig mussten die Designer im Modeinstitut zusehen, wie Materialplaner ihre Entwürfe auf das Unansehnlichste zurechtkürzten.

»Chemie bringt Brot, Wohlstand und Schönheit«, hatte die SED verkündet.

Bild *Herbstmesse 1972 – »Jugend73«*

Die Verwendung von Chemiefasern war der große Schlager der DDR-Mode, da die Baumwolle auf dem internationalen Markt teuer gekauft werden musste und für den Trabi gebraucht wurde.

Doch die synthetischen Stoffe, die phantasielosen Schnitte und die schlechte Verarbeitung enttäuschten die Wünsche der Käufer. Wer Verwandte in der BRD hatte, ließ sich Kleidung in Paketen schicken.

Anderen blieb nur das Selbstschneidern – Schnittmusterbögen gab es jeden Monat in der »Sibylle«. Manchmal musste man der Verheißung eben etwas nachhelfen.

FOR OVER 135 YEARS

WEST-JEANS

Levi's

Die »Echte«: Die körperbetonte Baum-
woll-»Levi's« war Kult-Objekt der
Jugend und Stachel im Auge der Partei.
West-Jeans-Träger galten als rebellisch,
doch die meisten wollten nur gut aus-
sehen. Teure Bezugsquellen waren
»Intershops« und »Exquisit-Läden«
(275 Mark). Auch über Schmuggel und
West-Pakete gelangten die begehrten
Beinkleider in die DDR.

JETZT NEU

OST-JEANS

BOXER

Die Kopie: 1968 kam mit der »Blauen Cottinohose« die erste DDR-Jeans in den Handel. Bald gehörte sie zum Straßenbild, nur zerschlissene Hosen wirkten noch provokativ. Die Käufer der DDR-Marken (»Boxer«, »Wisent«, »Shanty«, »Goldfuchs«) ärgerten sich über Chemiefasern, lose Nähte, Abfärbungen und fehlende Auswaschung.

Leseland

Oft stand der Westbesuch verwundert vor den prall gefüllten Bücherregalen der Ostverwandtschaft. Die Regale stammten vom Sperrmüll oder waren mit einfachen Mitteln zusammen gezimmert. Die viel zu dünnen Bretter bogen sich unter der Last des Gedruckten. Sie stammten aus Antiquariaten oder dem Volksbuchhandel. Ganz egal ob Dostojewski oder Balzac, DDR-Schriftsteller wie Christa Wolf und Stefan Heym oder gar Westschriftsteller wie Günter Grass und Heinrich Böll: Es waren lauter unter Mühen erworbene Schätze.

Viele Bücher hatten ihre eigene Geschichte. Man erzählte von ihrem Erwerb wie der Waidmann von der Pirsch. Gute Beziehungen zu einem Buchhändler waren fast genauso wertvoll wie die zu einem Automechaniker. Es kursierten Geheimtipps über Trödler in abgelegenen Kleinstädten oder den Buchvertrieb innerhalb der Nationalen Volksarmee (NVA), wo manche literarische Kostbarkeit, in ihrem Wert unerkannt, herumlag.

Die Freunde geistiger Beschäftigung bildeten eine unsichtbare Loge, deren Mitglieder sich an geheimen Zeichen erkannten. Sie trafen sich in Buchhandlungen, Bibliotheken, Theaterfoyers, Ausstellungen und Kaffeehäusern. Das wissende Lächeln, wenn von Kafka oder Rilke die Rede war, unterschied sie von den Parteifunktionären oder anderen Doppelplusgutdenkern. Eine solche ironische Anspielung auf Orwells Neusprech signalisierte literarische Beschlagenheit, aber auch den Schlechtdenker. Denn selbstverständlich war Orwells »1984« streng verboten und nur wenige Exemplare aus dem Westen wurden unter der Hand weitergereicht.

Viele Intellektuelle zogen sich in den Kosmos der Bücher zurück wie andere Leute auf ihre Datschen. Freiheit im Luftreich der Träume war nicht weniger illusionär als die Idylle der Schrebergärten. Im Geist konnte man jene Reisen durch die Welt machen, die durch die Gesetze der DDR dem Normalbürger verwehrt waren. Wer nie eine Chance hatte, nach Paris oder London zu fahren, konnte in den Romanen Zolas oder Dickens' über diese Städte lesen.

In den Büchern, Filmen und Theaterstücken fanden jene Debatten statt, für die es im »real existierenden Sozialismus« keine Öffentlichkeit gab. Die Leser und Theaterbesucher dürsteten nach einer kritischen Anspielung, die dem Zensor entgangen war. »Kopfarbeiter« verdankten ihren hohen gesellschaftlichen Stellenwert der Geistlosigkeit des Regimes. So waren die voll gestopften Bücherregale in den Wohnzimmern der DDR-Intellektuellen eine Art Barrikade gegen die Trivialität des SED-Staates.

〝 Anekdote

Einmal die Woche versammelten sich die Buchhändler in jeder Buchhandlung und wählten aus den Neuerscheinungen die Titel aus, die sie bestellen wollen. Einem unwissenden Zuhörer wäre wohl aufgefallen, dass die Bestellzahlen sehr hoch waren: 20.000 bis zu 50.000 Stück pro Neuerscheinung. Der Grund: Die Buchhändler erwarteten bei einer Bestellung von 20.000 Stück höchstens 20 Exemplare und steigerten die Zahl der bestellten Bücher um mehr Exemplare zu bekommen. Besonders bei Neuerscheinungen kritischer Autoren, etwa Christa Wolf oder Stefan Heym schnellten die Bestellzahlen in die Höhe. Kamen von 100.000 bestellten zumindest fünf Exemplare an, waren alle zufrieden: für jeden Mitarbeiter ein Exemplar!

Flucht
in die Idylle

Sozialistische Staatsbürger sollten auch ihre Freizeit »sinnvoll« verbringen. »Sinnvoll« stand meist für kollektiv. So baute der Staat Kulturhäuser, Jugendklubs und Sportstätten, um eine gemeinsame Freizeitgestaltung zu ermöglichen.

Doch das Bedürfnis, auch noch nach der Arbeit ideologisch erzogen zu werden, war eher gering. Die legendären Kulturhäuser der fünfziger Jahre waren bald verödet und verfallen.

Für die wenigen Revuetheater und Kabaretts waren kaum Karten zu bekommen. Am Samstagabend bildeten sich vor Tanzlokalen und Diskotheken Schlangen, vor Restaurants musste man sowieso warten, bis man platziert wurde. Wer es wagte, auf eigene Faust einen Tisch zu besetzen, wurde rigoros zur Ordnung gerufen.

Es blieb der Rückzug in die eigenen vier Wände. Auch in der DDR war Fernsehen mit Abstand die beliebteste Freizeitbeschäftigung. Viele zogen dem allerdings ein gutes Buch der Weltliteratur vor – nicht zu unrecht galt die DDR als Leseland.

Zum Symbol des Rückzugs ins Private aber wurde die Datsche. Mit viel Liebe und oft mit gewaltigem Aufwand

(i) **Gartenzwerge**

24,5 %

der DDR-Bürger arbeiteten
im Urlaub am liebsten im
Garten

10 Mark

betrug die Pacht für ein
Gartengrundstück pro Monat

5 Stunden

beschäftigte sich ein
DDR-Bürger pro Woche
mit Gartenarbeit

2,6 Millionen

Wochenendgrundstücke

855.000

Kleingärten

55 %

der DDR-Bürger besaßen
1985 einen Garten

70 %

verbrachten 1985 ihr
Wochenende vorwiegend
im Garten

wurden die Wochenendgrundstücke
ausgebaut. Hier fanden der individuelle
Gestaltungswille und die Phantasie
jene Herausforderungen, die während
der Arbeitswoche oft fehlten. Gemein-
sam mit Freunden, Nachbarn und Kollegen wurde Baumaterial besorgt und
der Ausbau vorangetrieben. Abends
wurde bei Bier und Grillwürsten ge-
meinsam gefeiert.

Die Partei sah diesen Rückzug ins
Private anfangs mit gemischten Gefüh-
len. Doch die Flucht in die Idylle war ihr
lieber als die Flucht in den Westen.

Staatliche Spielerlaubnis

für Disko-Techniker

auf der Grundlage der Anordnungen 1 und 2 über
Diskothekveranstaltungen vom 15. 8. 1973 und vom
24. 5. 1976 und der Anordnung über die Vergütung der
Tätigkeit von nebenberuflich tätigen Amateurmusikern,
Berufsmusikern und Kapellensängern vom 1. Okt. 1973,
Anlage 1, Abs. 16

Rock für den Frieden

Westliche Musik, vor allem der Rock 'n' Roll und der Beat von Bands wie den Beatles waren der Partei ein Dorn im Auge. Die Fans hatten lange Haare, grölten laut, zogen sich zu kurze Röcke an und liefen schlampig herum, war der Vorwurf. Wobei mit schlampig vorwiegend »Niethosen«, also Jeans, und Lederjacken gemeint waren. Die sogenannten Gammler konnten harte Strafen bekommen – vom erzwungenen Haareschneiden bis zu Gefängnis und Arbeit im Tagebau.

An westliche Musik heranzukommen war sowieso schwierig: Nach dem Bau der Mauer war der Weg praktisch abgeschnitten, denn das Einführen von Schallplatten und Tonträgern war strikt untersagt. So saßen nachts zahlreiche Jugendliche vor den Radios und schnitten westliche Radiosendungen mit.

Denn im DDR-Radio und in Diskotheken war westliche Musik kaum zu hören: Die AWA 60/40-Regelung schrieb vor, dass 60% der Musik aus den Federn von Ostblock-Komponisten stammen müssen. Der Rest durfte nur dann aus dem Westen kommen, wenn er bei DDR-Plattenfirmen erschien: Die Programmliste musste vorgezeigt werden. Wer sich nicht daran hielt, wurde bestraft.

Findige Schallplattenunterhalter (der englische Name DJ war verpönt) spielten die vorgeschriebenen 60% aber einfach gleich zu Beginn, wenn kaum Gäste in den Diskotheken waren. Dann stimmte die Liste und die Gäste waren trotzdem glücklich.

Der Inhaber dieses Ausweises ist zur Bedienung und Betreuung der Technik in öffentlichen Diskothekveranstaltungen zugelassen und berechtigt, eine Vergütung von 30,-M pro Veranstaltung zu beanspruchen.
Gültig bis: 31. 05. 1989
Bindung an: Disko "Alpha"
Unterschrift
25.00 M pro Veranstaltung
gültig bis: 31. 05. 90 Bindung an: Disko "Orion"
Unterschrift
M pro Veranstaltung

Er/sie verfügt über einen/ keinen Eigenbestand an Tonträgern und Wiedergabetechnik und ist berechtigt, pro Veranstaltung für eigene
Tonträger / Wiedergabetechnik
___ M ___ M
zu beanspruchen.
Die Anlage hat ein Gewicht:
am: von kg
bestätigt:
am: von kg
bestätigt:

Ende der 70er-Jahre entstand eine eigene DDR-Rockszene, anfänglich noch gegen den Widerstand der Staatsführung und von der Stasi überwacht. DDR-Rock-Bands wurden von der Jugend begeistert angenommen und füllten Konzertsäle: Puhdys, Silly, City oder Karat sind die bekanntesten Namen. Manche Musiker durften ihre Platten sogar in der Bundesrepublik veröffentlichen und dort Konzerte geben – der Staat brauchte die Devisen. Und auch im Westen kamen die Bands an: Die LP »Am Fenster« von City wurde in der BRD und Griechenland vergoldet, der Song »Über sieben Brücken«, im Original von Karat, wurde mit Hilfe der Interpretation von Peter Maffay zum gesamtdeutschen Hit.

Oben Puhdys; City
Mitte Dean Reed, »der rote Elvis«;
Internationale Liedertournee für den Frieden
Unten Rock für den Frieden

Aber nicht jeder mit Gitarre in der Hand und guter Stimme durfte einfach so mit Musik seinen Lebensunterhalt verdienen. Nach einem Vorspiel vor strenger Kommission wurde die staatliche Spielerlaubnis erteilt. Um als Profi arbeiten zu dürfen, war eine musikalische Grundausbildung, ein mehrjähriges Musikstudium und eine saubere Weste Voraussetzung.

Punkbands hatten da schlechte Chancen, ihr Aussehen und ihre anarchistischen Texte passten nicht ins Konzept der SED. Auftrittsverbote zwangen Bands wie »Schleimkeim«, »Planlos« oder »Müllstation« zu Konzerten in Kellern, Hinterhöfen oder Kirchensälen. Und diese endeten nicht selten mit Verhaftungen durch die Polizei – denn die Spitzel der Staatssicherheit waren bei den meisten Konzerten dabei.

ICH BIN DER MEINUNG, **GENOSSEN,** MIT DER **MONOTONIE DES** **YEAH, YEAH, YEAH** UND WIE DAS ALLES HEISST, **SOLLTE MAN DOCH SCHLUSS MACHEN.**

WALTER ULBRICHT

JEDER MANN AN JEDEM ORT EINMAL IN DER WOCHE SPORT.

WALTER ULBRICHT

Die DDR war eine Sportnation. Sport war in der Verfassung festgeschrieben, Betriebe waren verpflichtet, ihren Arbeitern Sport zu ermöglichen und die Schule bot eine Fülle sportlicher Angebote als Pflicht- und Wahlprogramm: Fußball, Schwimmen, Leichtathletik, Radsport und vieles mehr – vorwiegend olympische Sportarten.

Denn bei aller Sorge um den gesunden Staatsbürger, ging es der Partei vor allem um internationalen Erfolg. Die Leistungen sozialistischer Sportler sollten dem Staat Ansehen auf der ganzen Welt verschaffen – und den Bürger stolz auf sein Land machen. So begab sich der DTSB (Deutscher Turn- und Sportbund) schon im Kindergarten auf Talentsuche und schickte besonders Begabte auf spezielle Sportschulen.

Das Konzept hatte Erfolg: Die DDR war eine der erfolgreichsten Sportnationen. Die Eiskunstläuferin Katarina Witt, der Radfahrer »Täve« Schur oder die Springerin Heike Drechsler waren schnell über die Grenzen der DDR hinaus bekannt. In der DDR waren sie sozialistische Vorbilder, denn der englische Begriff »Star« war verpönt.

Außer Ehre und Anerkennung hatten die Sportler aber relativ wenig von ihren Triumphen: ein bisschen mehr Geld, eine Neubauwohnung, eine Kuba-Reise oder ein früher geliefertes Auto. Das war

IHR PUNKT- PROGRAMM FÜRS GANZE JAHR

● SPORT IST MORD

Oral-Turinabol wurde ab den 70er-Jahren massenhaft im Leistungssport eingesetzt. Das Anabolikum kräftigte die Muskeln, es regte Angriffslust und Risikobereitschaft an. Kadertrainer verabreichten die Dopingmittel als Vitaminpillen sogar Kindern. Sie riskierten schwere Nebenwirkungen an Leber und Hormonhaushalt. Viele trugen lebenslange Schäden davon, manche starben.

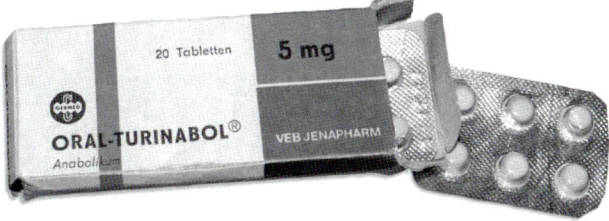

Oben *Schwimmer und vierfacher Olympiasieger Roland Matthes*

Unten *Leichtathletin und zweifache Olympiasiegerin Heike Drechsler*

Sommerspiele

Jahr	Ort	Gold	Silber	Bronze	Rang
1968	Mexico	9	9	7	5
1972	München	20	23	23	3
1976	Montréal	40	25	25	2
1980	Moskau	47	37	42	2
1984	Los Angeles	[von der DDR boykottiert]			
1988	Seoul	37	35	30	2

wenig, im Vergleich zu ihren Rivalen mit Werbeverträgen aus dem Westen. So arbeiteten viele Spitzensportler auch weiterhin in ihrem gewöhnlichen Beruf.

Der schönste Erfolg für die SED war wahrscheinlich der Sieg der Fußballnationalmannschaft gegen Westdeutschland. Nur einmal trafen die beiden deutschen Staaten im Fußball aufei-

nander: Das letzte Vorrundenspiel der WM '74 in Hamburg gewann die DDR durch ein Tor von Jürgen Sparwasser gegen den Favoriten BRD. Der »Sieg über den Kapitalismus« verhalf der DDR zu Prestigegewinn – obwohl einige DDR-Bürger dem Gegner die Daumen gedrückt hatten.

Allein auf die Leistung zu bauen, war der Parteiführung aber zu unsicher: So wurden zahlreiche Sportler von ihren Trainern gedopt. Mit und ohne das Wissen der Sportler.

Winterspiele

Jahr	Ort	Gold	Silber	Bronze	Rang
1968	Grenoble	1	2	2	10
1972	Sapporo	4	3	7	2
1976	Innsbruck	7	5	7	2
1980	Lake Placid	9	7	7	2
1984	Sarajevo	9	9	6	1
1988	Calgary	9	10	6	2

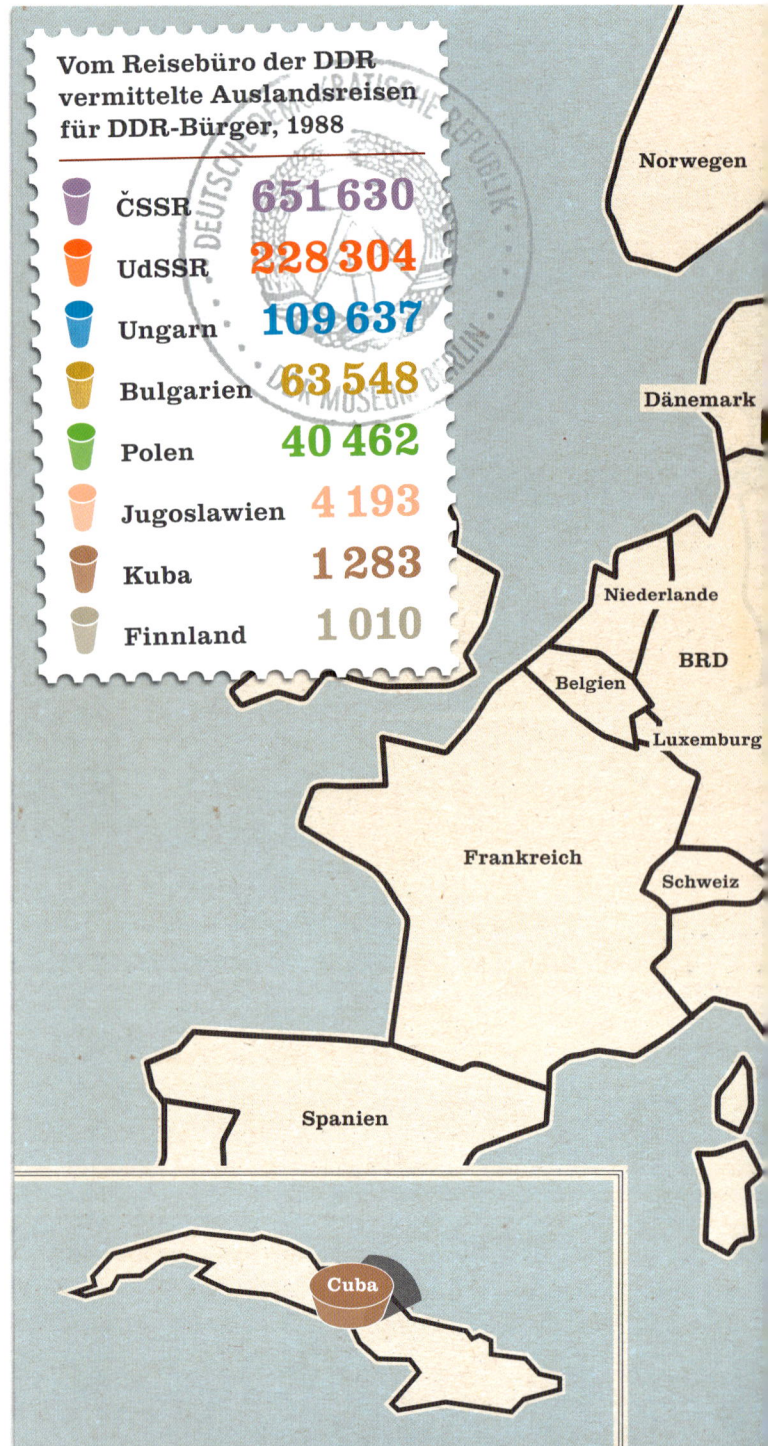

Vom Reisebüro der DDR vermittelte Auslandsreisen für DDR-Bürger, 1988

	Land	Reisen
	ČSSR	651 630
	UdSSR	228 304
	Ungarn	109 637
	Bulgarien	63 548
	Polen	40 462
	Jugoslawien	4 193
	Kuba	1 283
	Finnland	1 010

Norwegen

Dänemark

Niederlande

BRD

Belgien

Luxemburg

Frankreich

Schweiz

Spanien

Cuba

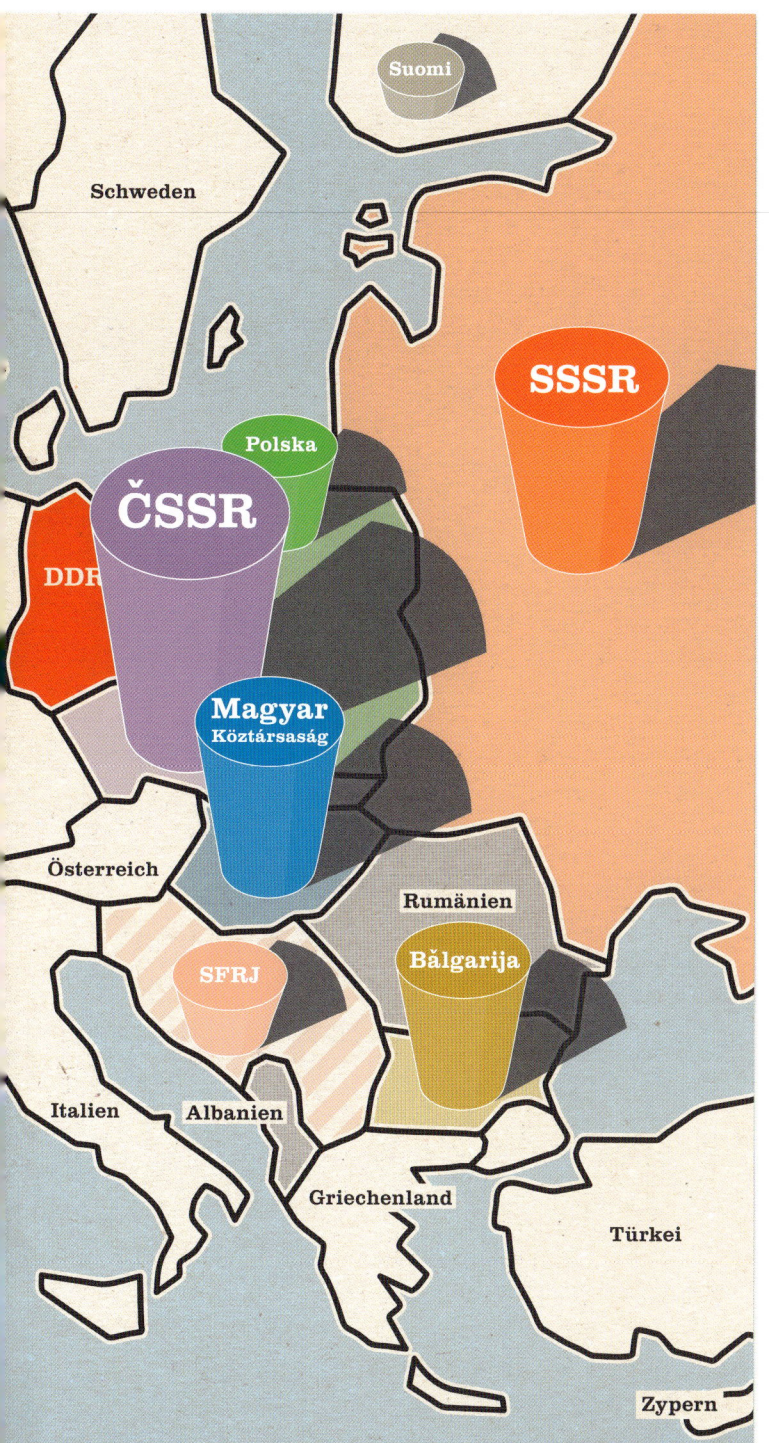

Nur Fliegen wär' schöner

Von den Sonnenstränden des Mittelmeers träumten die DDR-Bürger vergebens. Selbst für jene Geschäftsleute, Künstler und Wissenschaftler, die als »Reisekader« in den Westen fahren konnten, war ein Familienurlaub im »Nichtsozialistischen Währungsgebiet« ausgeschlossen.

Die typische Sommerreise begann im Februar – mit einem Antrag beim Feriendienst des Freien Deutschen Gewerkschaftsbundes (FDGB), der mit seinen Ferienheimen und Hotelbetten über die meisten Urlaubsplätze im Land verfügte. Sie waren unschlagbar preiswert, und sogar die Bahnfahrt war um ein Drittel ermäßigt.

Doch die Traumziele an der Ostsee waren so knapp, dass man Glück oder gute Beziehungen brauchte, um dorthin zu kommen. Gleiches galt für eine Unterkunft in Thüringen oder im Harz während der Wintersportsaison.

Das Niveau der FDGB-Ferienheime war bescheiden: Die meisten Zimmer hatten weder Bad noch Toilette, gespeist wurde in der Kantine. Etwas komfortabler waren oft die betriebseigenen Heime, allerdings begegnete man dort auch noch im Urlaub den Kollegen.

So mancher umging die Misshelligkeiten der Massenunterkünfte und zog mit Zelten und dem halben Haushalt auf Campingplätze der Mecklenburgischen Seenplatte oder an die Ostsee.

Sehr Reiselustige bevölkerten die Strände an der Schwarzmeerküste, den Balaton oder die Hohe Tatra – teure Urlaube, die schwer zu bekommen und bürokratisch aufwändig waren. Die Ost-Mark war kein Türöffner, manche Hoteliers sparten sich die Tischdecken für Gäste aus dem Westen auf.

Junge Leute mit wenig Geld und viel Abenteuerlust trampten auf gut Glück nach Warschau oder Prag, nachdem die Grenzen 1972 durchlässiger geworden waren. Die Nachbarländer boten ihnen einen Hauch jener Freiheit und Buntheit, die sie in der DDR so sehr vermissten.

НР БЪЛГАРИЯ · ПОЩА

8 ст.

Bogen Dukk *Botaurus stellaris*

DDR

Fam.

Jürgen B.

27 Schwerin

Mathias-Thesen-Str. 4

ⓘ Politik ohne Badehose

Entgegen aller Vorbehalte der SED war Nacktbaden normal. Von der Naturistenbewegung über den akademischen Protest wurde Freikörperkultur bald zur Massenbewegung.

Vier von fünf Ostdeutschen haben mehrfach nackt gebadet, nur jeder zehnte Badegast lehnte Nacktbaden grundsätzlich ab. Nach dem Scheitern des Verbots, scheiterten auch die Apelle: »Schont die Augen der Nation!« flehte Kulturminister Becher. Grund für den FKK-Erfolg war weniger die sexuelle Freizügigkeit, als der Widerstand gegen die ewige Angepasstheit der DDR und die Nacktheit als Zeichen von wahrer Klassenlosigkeit. Die Textilstrände des Mittelmeers waren sowieso unerreichbar. Zum Schluss waren Badehosenträger am Strand Außenseiter.

Bilder *Ein ganz normaler Tag am Strand; Das Diorama in der Ausstellung*

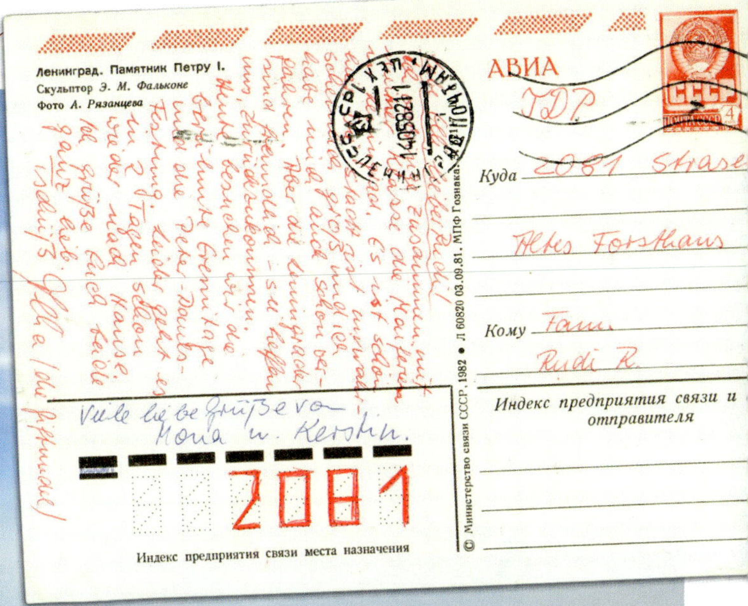

АВИА

TDR

Куда *2081 Strasse*

Altes Forsthaus

Кому *Fam.*

Rudi R.

Viele liebe Grüße von
Mona u. Kerstin.

2081

Chronologie

1945

Kriegsende. In der Sowjetischen Besatzungszone werden durch eine Bodenreform die Großgrundbesitzer enteignet. Die Großindustrie wird Volkseigentum.

1946

Vereinigung der Kommunistischen Partei Deutschlands (KPD) und der Sozialdemokratischen Partei Deutschlands (SPD) zur Sozialistischen Einheitspartei Deutschlands (SED).

1948

Blockade West-Berlins durch die Sowjetunion. 11 Monate lang wird West-Berlin über eine Luftbrücke von den Amerikanern versorgt.

1949

7. Oktober: Gründung der Deutschen Demokratischen Republik. Der Deutsche Fernsehfunk beginnt sein Versuchsprogramm.

1950

Erste Wahlen zur Volkskammer. Zur Wahl steht die »Einheitsliste der Nationalen Front«, dominiert von der SED. Die Zahl der Mandate der einzelnen Parteien ist vorher festgelegt.

1952

Die II. Parteikonferenz der SED verkündet den Aufbau des Sozialismus. Preissteigerungen und Normerhöhungen. Mit der Gründung der Kasernierten Volkspolizei (KVP) beginnt die Militarisierung der Gesellschaft.

1953

17. Juni: In über 700 Städten und Gemeinden finden Streiks und Demonstrationen statt. Sowjetische Panzer schlagen den Aufstand nieder.

1955

Erste Ausgabe des Mosaik, des einzigen Comicheftes der DDR. Zu Ostern werden die ersten offiziellen Jugendweihen durchgeführt.

1956

»Entstalinisierung« in der Sowjetunion. Volksaufstand in Ungarn. Unruhen an den Universitäten der DDR.
Gründung der Nationalen Volksarmee (NVA).

1957

In Schauprozessen werden kritische Intellektuelle zu hohen Gefängnisstrafen verurteilt. Der erste Trabant P 50 läuft vom Band.

1958

Abschaffung der Lebensmittelmarken. Der V. Parteitag der SED verkündet die »Zehn Gebote der sozialistischen Moral«. 60/40-Regelung: Bei öffentlichen Musikvorführungen müssen zukünftig 60% der Stücke aus dem Ostblock kommen.

1960

»Sozialistischer Frühling auf dem Lande«: Die Zwangskollektivierung führt zu einer Krise der Lebensmittelversorgung.

1961

Höhepunkt des Flüchtlingsstroms aus der DDR nach West-Berlin.
13. August: Mauerbau mitten durch Berlin. Auf Flüchtlinge wird scharf geschossen, erste Todesopfer.

◎ 1962

Der Flüchtling Peter Fechter verblutet im Stacheldraht an der Mauer. Einführung der Wehrpflicht.

◎ 1963

VI. Parteitag der SED: Reform der Wirtschaft; Lockerung in der Kultur- und Jugendpolitik.

◎ 1964

Das Deutschlandtreffen der FDJ setzt Zeichen für eine offenere Jugendpolitik. Der neue Sender DT 64 findet mit seiner Musik und seinem lockeren Ton viel Anklang.

◎ 1965

Das ZK der SED verschärft den kulturpolitischen Kurs. Kritische Filme, Bücher, Theaterstücke und die Beat-Musik werden verboten.
Einführung der Antibabypille.

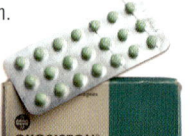

◎ 1966

Verbot des DEFA-Films »Spur der Steine«. Die Gründung des späteren »Oktoberklubs« leitet die FDJ-Singebewegung ein.

◎ 1968

Die DDR beteiligt sich an der Niederschlagung des »Prager Frühlings«. Die Truppen der NVA sichern allerdings nur die rückwärtigen Verbindungen.

◎ 1969

Das Gerücht, auf dem Springer-Hochhaus westlich der Mauer spielten die Rolling Stones, führt am Rande der Jubelfeiern zum 20. Jahrestag der DDR zum Auflauf von Beatfans.

1970

Beim Besuch von Willy Brandt in Erfurt durchbrechen die Menschen die Sperrketten und jubeln dem Kanzler der BRD zu. Das Ereignis zeigt, wie gefährlich die westliche Entspannungspolitik für die SED ist.

1971

Erich Honecker löst Walter Ulbricht als Parteichef ab. Das Viermächte-Abkommen garantiert den Status West-Berlins.

1972

Die DDR nimmt in München erstmals mit einer eigenen Mannschaft offiziell an Olympischen Sommerspielen teil.
Der Grundlagenvertrag regelt die Verhältnisse zwischen der DDR und der BRD. Schwangerschaftsabbruch wird erlaubt.

1973

X. Weltfestspiele in Ost-Berlin: Die SED zeigt sich gegenüber der Jugend von ihrer liberalen Seite. Beginn des Wohnungsbauprogramms.

1974

Jürgen Sparwasser schießt beim Weltmeisterschaftsspiel gegen die BRD das Siegestor für die DDR.

1976

Neue sozialpolitische Maßnahmen bringen jungen Familien mit Kindern eine Reihe von Vorteilen. Die Ausbürgerung des Liedermachers Wolf Biermann führt zum Protest von prominenten Künstlern.

1977

Wegen der steigenden Kaffeepreise auf dem Weltmarkt entwickelt die DDR eine Kaffee-Ersatzmischung für Betriebe und Gaststätten. Die Kaffeepreise im Einzelhandel werden kurzzeitig erhöht, nach Protesten aber wieder gesenkt.

1978

Der DDR-Kosmonaut Sigmund Jähn wird als »erster Deutscher im Weltall« gefeiert. Einführung des Wehrkundeunterrichts in Schulen.

1981

Der Appell »Frieden schaffen ohne Waffen« verschafft der unabhängigen Friedensbewegung in der DDR erstmals breite Resonanz.

1983

Milliardenkredit westlicher Banken mit Bundesbürgschaft macht die verschuldete DDR international wieder kreditwürdig. Die DDR baut im Gegenzug die Selbstschussanlagen an der innerdeutschen Grenze ab.

1984

Zweiter Milliardenkredit. Ausreisewelle: Die DDR entlässt eine große Zahl von Antragstellern in den Westen.

1986

Erich Honecker zeigt sich auf dem X. Parteitag der SED auf dem Höhepunkt seiner Macht.
Es mehren sich die Anzeichen für eine Krise.

1987

Die DDR feiert den 750. Jahrestag von Berlin. Die bessere Versorgung des »Schaufensters« Berlin führt zu großem Unwillen in der Provinz.

1988

Am Rande einer offiziellen Demonstration fordern Bürgerrechtler Meinungs- und Reisefreiheit. Es kommt zu Festnahmen und Ausweisungen aus der DDR.

1989

Botschaftsbesetzungen in Budapest und Prag. Fluchtwelle. Gründung oppositioneller Parteien. Am 7. Oktober geht die Polizei gewaltsam gegen Demonstranten vor. Die Leipziger »Montagsdemo« am 9. Oktober und die Demonstration am 4. November in Berlin verlaufen friedlich. Am 9. November fällt die Mauer.

1990

Auflösung der Stasi. Die ersten freien Wahlen am 18. März sind ein eindeutiges Votum für die schnelle Vereinigung. Am 1. Juli wird die D-Mark eingeführt. Dadurch verschwinden viele Ostprodukte vom Markt. Wiedervereinigung Deutschlands am 3. Oktober.

2006

In Berlin eröffnet am 15. Juli das DDR Museum die Dauerausstellung »Alltag eines vergangenen Staates zum Anfassen« und zeigt erstmals das alltägliche Leben in der ehemaligen DDR.

Vom Touristen zum Museumsgründer

Initiator Peter Kenzelmann

In einem Museum zu arbeiten ist als Ethnologe nicht ungewöhnlich. Als Freiburger Ethnologe ein Museum in Berlin zu gründen ist dagegen nicht der Regelfall.

Bei einem Urlaub zeigte ich meiner Freundin die Attraktionen der Hauptstadt. Da sie die DDR nie besucht hatte, wollte ich sie in ein DDR-Museum entführen. Berlin war immerhin die Hauptstadt der DDR – wo, wenn nicht hier, sollte es ein Museum zum Alltag der DDR geben?

Die Hotelrezeption wusste zwar von der Geschichte Berlins, hatte von einem derartigen Museum aber nie etwas gehört. Auch das Durchblättern der Reiseführer führte zu nichts. Ich griff zum Telefon und wählte die Touristeninformation – nach etlichen Minuten des Schweigens erhielt ich die Auskunft: »Ja, wir haben da was gefunden – in Amsterdam, 21 Quadratmeter ...«

Völlig überrascht, kam mir schnell der Gedanke, dass ich gewiss nicht der einzige Berlin-Besucher war, der ein kulturhistorisches Museum zum Thema DDR vermisste. Offensichtlich mussten interessierte Touristen nach Holland verwiesen werden. Die Sache lag klar auf der Hand: Berlin fehlte ein DDR-Museum.

Nach meiner Rückkehr schlummerte die Idee weiter. Ich tauschte mich mit Freunden, Bekannten und Kollegen aus, recherchierte weiter und die kleine Idee wuchs von Monat zu Monat zu einem großen Projekt heran ...

Kleine Welten im Sozialismus

Architekt Frank Wittmer

Plattenbauten haben das Bild der DDR geprägt – einst geliebt, dann verhasst, waren die »Arbeiterschließfächer« ein Zuhause für Millionen von Menschen, die darin lebten, liebten und träumten.

Das DDR Museum ist eine solche Plattenbausiedlung im Kleinen. Die Ausstellungsmöbel sind Wohnblöcke der Wohnungsbauserie 70, dem typischen Plattenbau-System der DDR. Diese begehbare Puppenstube scheint zunächst durch ihren ungewöhnlichen Maßstab irritierend, schafft aber einen authentischen Eindruck von der grauen Welt ihrer Vorbilder.

Was auf den ersten Eindruck trist und monoton wirkt, ist bei näherer Betrachtung nur Hülle für eine lebendige Alltagskultur. Die Platten sind Raumteiler und Vitrinenschränke zugleich, die mit der Benutzung durch Besucher Einblicke in ihr Inneres und Privates erlauben. Filme, Medien, Schubläden, Türen und Vitrinen mit Exponaten und Modellen erzählen Geschichten aus einem vergangenen Staat.

Die Platten mit ihren steingrauen Oberflächen sind industriell gefertigt, genau wie ihr Vorbild. Die Stützen und die Decke des Raumes sind in rot gehalten, der Einfluss des sozialistischen Gedankengutes ist in Parolen und Losungen zu lesen und es scheint, als würden die Leitsprüche des Sozialismus am historischen Ort des Palasthotels, eines der ehedem besten Häuser der DDR, verwittern.

Frank Wittmer gestaltete vor dem DDR Museum unter anderem das Römermuseum, Rottenburg, das Siemensmuseum, München und den deutschen Pavillon mehrerer Bundesgartenschauen.

//

Sachquellen

S. 21: Wolle, Stefan, Die heile Welt der Diktatur, Bonn, 1999 **S. 34/35/38/48/49/59/87:** Sozialreport '90, Daten und Fakten zur sozialen Lage der DDR, Berlin, 1990 **S. 73:** Die Welt, 19.10.1983 **S. 89:** Frauenreport '90, Berlin, 1990 **S. 96:** Statistisches Jahrbuch der Deutschen Demokratischen Republik, Berlin, 1989

//

Abbildungsverzeichnis

Alle Fotografien, Karten und Illustrationen, die nicht explizit ausgewiesen sind, stammen aus dem Archiv des DDR Museum. In vereinzelten Fällen konnten die Rechteinhaber nicht ermittelt werden; sollten Rechtsansprüche bestehen, bitten wir um Rücksprache mit dem Verlag.

S. 12/13: oben: Bundesarchiv Koblenz, U., Bundesarchiv Koblenz; unten: Berliner Mauer-Archiv, Panorama DDR, U., Panorama DDR **S. 14/15:** oben: beide Bundesarchiv Koblenz; unten: Bundesarchiv Koblenz, Presse- und Informationsamt der Bundesregierung **S. 17/18:** Bastian Werner **S. 19:** Presse- und Informationsamt der Bundesregierung **S. 23:** oben: Bastian Werner **S. 24:** Michael Richter **S. 26/27:** alle Michael Richter **S. 28:** ADN-Zentralbild **S. 29:** links Robert-Havemann-Gesellschaft **S. 30/31:** groß ADN-Zentralbild, links SAPMO-Barch Bild Y 3-JW 408-73, rechts Harald Hauswald **S. 36/37:** oben: U., SAPMO-Barch Bild Y 3-JW 138-81-3, U., Mitte: SAPMO-Barch Bild Y 3-JW 2019, Bundesarchiv Koblenz; unten: SAPMO-Barch Bild Y 8-721-100, SAPMO-Barch Bild Y 3-719-00 **S. 43:** Siegfried Wittenburg **S. 50:** Bastian Werner **S. 51/52:** alle Bundesbeauftrage für die Unterlagen der Staatssicherheit der ehemaligen DDR **S. 54/55:** alle Stiftung Gedenkstätte Berlin-Hohenschönhausen **S. 56–59:** groß: Bezirksmuseum Marzahn-Hellersdorf; klein: Berlinische Galerie **S. 60:** Bezirksmuseum Marzahn-Hellersdorf **S. 62/63:** Bundesarchiv Koblenz **S. 64/65/70:** Bastian Werner **S. 76–79:** Bundesarchiv Koblenz **S. 82–85:** Bastian Werner **S. 86/87:** oben: U., U., Horst Laurisch; unten: Horst Laurisch, U., U. **S. 88:** Bastian Werner **S. 90/91:** oben: beide Dieter Schmidt; Mitte: Dieter Schmidt, ADN-Zentralbild; unten: ADN-Zentralbild **S. 94/95:** beide Dieter Schmidt **S. 99:** Stefanie Sudek-Mensch **S. 100–103:** Bastian Werner **S. 104/105:** 1948: Presse- und Informationsamt der Bundesregierung; 1953: Bundesarchiv Koblenz; 1955: Dieter Lämpe; 1961: Berliner Mauer-Archiv **S. 106/107:** 1962: Polizeihistorische Sammlung beim Polizeipräsidenten in Berlin (2117/23/24); 1968: Bundesbeauftrage für die Unterlagen der Staatssicherheit der ehemaligen DDR; 1970: Dieter Schmidt **S. 108/109:** 1983+1989: Presse- und Informationsamt der Bundesregierung; 1990: Ines Buschmann **Alle anderen:** unbekannt (U.) / DDR Museum